일본은 얄밉지만 돈카츠는 맛있어

2020년 8월 3일 1판 1쇄
2024년 8월 30일 1판 3쇄

글쓴이 김해창 | **그린이** 나인완

편집 최일주, 이혜정, 김인혜 | **디자인** 민트플라츠 송지연
제작 박흥기 | **마케팅** 양현범, 이장열, 김지원 | **홍보** 조민희
인쇄 코리아피앤피 | **제책** J&D바인텍

펴낸이 강맑실 | **펴낸곳** (주)사계절출판사 | **등록** 제406-2003-034호
주소 (우)10881 경기도 파주시 회동길 252
전화 031)955-8588, 8585 | **전송** 마케팅부 031)955-8595, 편집부 031)955-8596
홈페이지 www.sakyejul.net | **전자우편** skj@sakyejul.com | **블로그** blog.naver.com/skjmail
페이스북 facebook.com/sakyejulkid | **인스타그램** instagram.com/sakyejulkid

© 김해창, 나인완 2020

사진 38쪽 인천 상륙 작전 © 위키미디어 | 39쪽 한일 기본 조약 © 국정홍보처
42쪽 야스쿠니 신사 © 123rf | 43쪽 신사, 80쪽 츄라우미 수족관, 97쪽 금각사 © 최일주

값은 뒤표지에 적혀 있습니다. 잘못 만든 책은 구입하신 서점에서 바꾸어 드립니다.
사계절출판사는 성장의 의미를 생각합니다. 사계절출판사는 독자 여러분의 의견에 늘 귀 기울이고 있습니다.
이 책은 저작권법에 따라 보호받는 저작물이므로 무단 전재와 무단 복제를 금합니다.

979-11-6094-669-7 73910
978-89-5828-770-4 (세트)

일본은 얄밉지만 돈카츠는 맛있어

김해창 글 | 나인완 그림

사계절

차례

00 일본은 어떤 곳일까?

일본	8
일본의 행정 구역도	9
일본의 자연	10
일본 정부의 세출과 세입	11
일본의 GDP 순위와 무역	12
일본의 주요 철도·공항·항만	14
일본의 대중적인 스포츠	16
일본의 행정 조직도	20
목판화로 보는 일본의 옛 모습	22

01 한국과 일본, 그동안 무슨 일이 있었을까?

1. 어쩌다 이런 일이!_일본의 조선 침략	28
2. 우리는 왜 이토록 평행선일까?_한국과 일본의 관계	36

02 일본의 정치와 법을 살펴보자!

1. 일본에는 텐노가 있다고?_텐노와 일본의 정치	46
2. 일본에는 군대가 없다고?_평화 헌법과 자위대	62

03
일본과 이웃 나라의 관계를 살펴보자!

1. 친한 듯 안 친한 듯_일본과 중국·타이완 … 68
2. 미묘한 둘의 사이_일본과 북한 … 72
3. 슬픈 오키나와 사람들_일본과 미국 … 76
4. 가만 보면 트집 대장_일본의 영토 분쟁 … 82

04
일본의 생활·문화·교육을 살펴보자!

1. 말과 글, 정신은 한몸_일본어와 일본인의 성향 … 88
2. 일본인의 삶을 엿보자!_요리, 다도, 꽃꽂이, 기모노, 하이쿠, 가부키 … 92
3. 일본 친구들은 어떻게 공부하고 있을까?_일본의 교육과 노벨상 … 108
4. 세계 최고령 국가가 되었어_일본의 저출산, 고령화 문제 … 112
5. 일본에서도 한국에서도 어려운 처지_재일 교포 문제 … 116

일본은 얄밉다!
지금의 솔직한 심정이지요?
그렇다고 돈카츠, 우동, 초밥도 맛이 없나요?
일본에서도 한국 대중음악, 한국 드라마, 한국 음식이
큰 인기를 얻고 있습니다.
현재 한국과 일본이 정치, 경제적으로는 조금씩 더 금이 가고 있지만
문화적으로는 서로를 받아들이며 조금 더 가까워지고 있습니다.
한국과 일본은 떼려야 뗄 수 없는 관계이기 때문입니다.
그렇다면 무턱대고 일본을 미워하기보다는
잘 알아보는 게 먼저이지 않을까요?
어린이 독자들이 어른이 되면 한국과 일본이 더 가까워지고
두 나라의 모든 사람들이 행복해지길 기대해 봅니다.

00

일본은 어떤 곳일까?

일본 日本国

일본의 국기: 일장기

태양을 상징.

- 수도: 도쿄
- 국가: 기미가요
- 면적: 377,974㎢(세계 61위)
- 인구: 약 1억 2647만 명 (세계 11위, 2020년 현재)
- 주요 언어: 일본어
- 주요 종교: 신토, 불교, 기독교 등
- 통화: 엔(￥)

일본의 국화 문장
일본 왕실의 문장으로 국가 문장에 준한다.

*일본에서는 천황이라고 부르지만 우리나라에서는 일반적으로 일왕이라 부르며 일본 표기인 '텐노'는 살렸습니다.

일본의 행정 구역도 (대분류: 8개 지역 / 소분류: 47개 도도부현)

일본의 행정 구역은 1도(都), 1도(道), 2부(府), 43현(県)으로 나뉜다. 도(都)는 수도인 도쿄가 포함된 도쿄도, 도(道)는 가장 북쪽 섬 홋카이도, 2부(府)는 일본의 대표적인 대도시 오사카시가 포함된 오사카부, 교토시가 포함된 교토부, 그리고 43개의 현(県)으로 이루어져 있다.

● 47개 도도부현

1. 홋카이도
2. 아오모리현
3. 아키타현
4. 이와테현
5. 야마가타현
6. 미야기현
7. 니가타현
8. 후쿠시마현
9. 이시카와현
10. 도야마현
11. 나가노현
12. 군마현
13. 도치기현
14. 이바라키현
15. 후쿠이현
16. 기후현
17. 야마나시현
18. 사이타마현
19. 치바현
20. 도쿄도
21. 가나가와현
22. 교토부
23. 시가현
24. 아이치현
25. 시즈오카현
26. 시마네현
27. 돗토리현
28. 효고현
29. 야마구치현
30. 히로시마현
31. 오카야마현
32. 오사카부
33. 나라현
34. 미에현
35. 와카야마현
36. 가가와현
37. 에히메현
38. 고치현
39. 도쿠시마현
40. 후쿠오카현
41. 나가사키현
42. 사가현
43. 오이타현
44. 구마모토현
45. 미야자키현
46. 가고시마현
47. 오키나와현

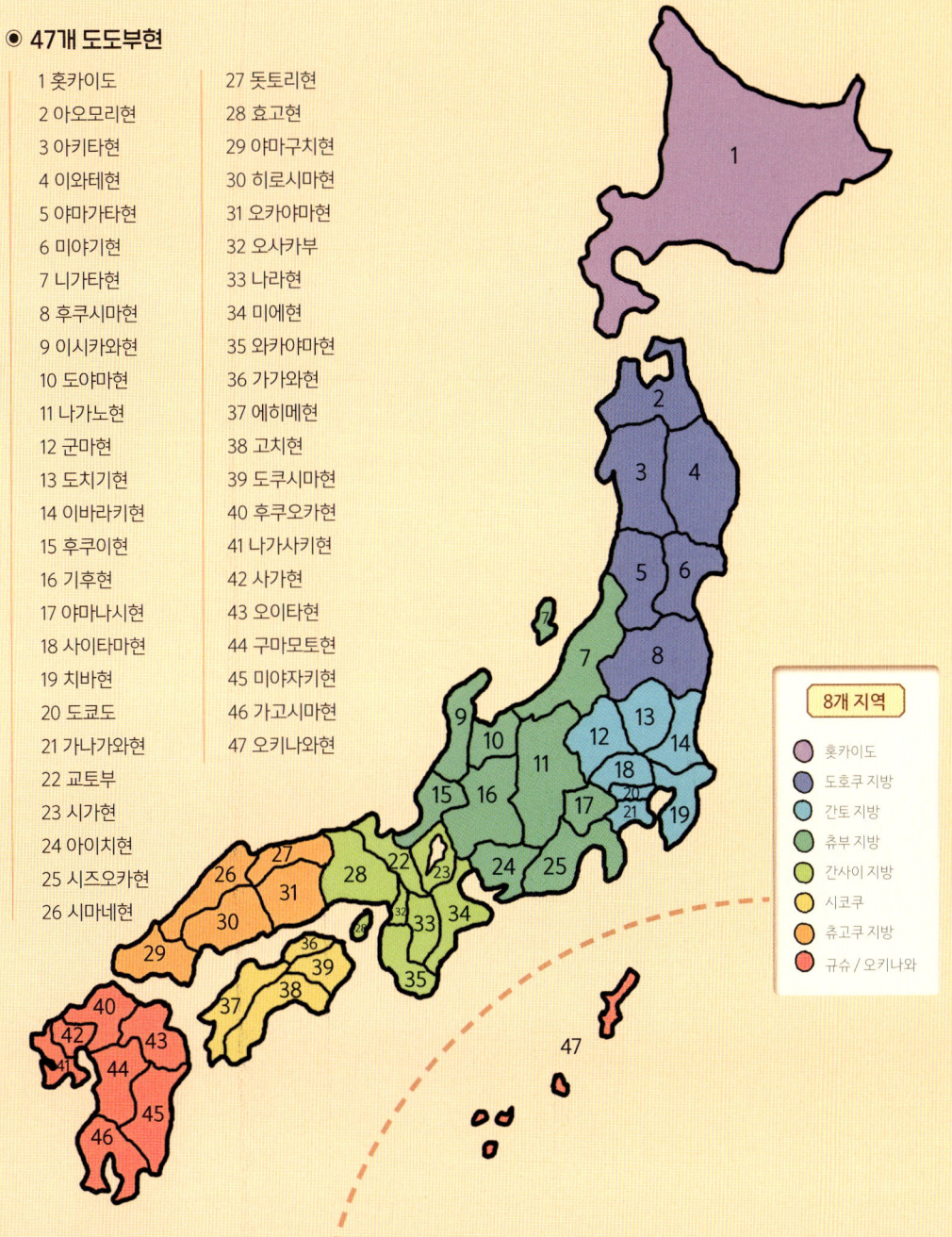

8개 지역

- 홋카이도
- 도호쿠 지방
- 간토 지방
- 츄부 지방
- 간사이 지방
- 시코쿠
- 츄고쿠 지방
- 규슈 / 오키나와

일본의 자연

일본 정부의 세출과 세입

● 일본은 어떤 세금을 걷고 어떻게 지출할까?

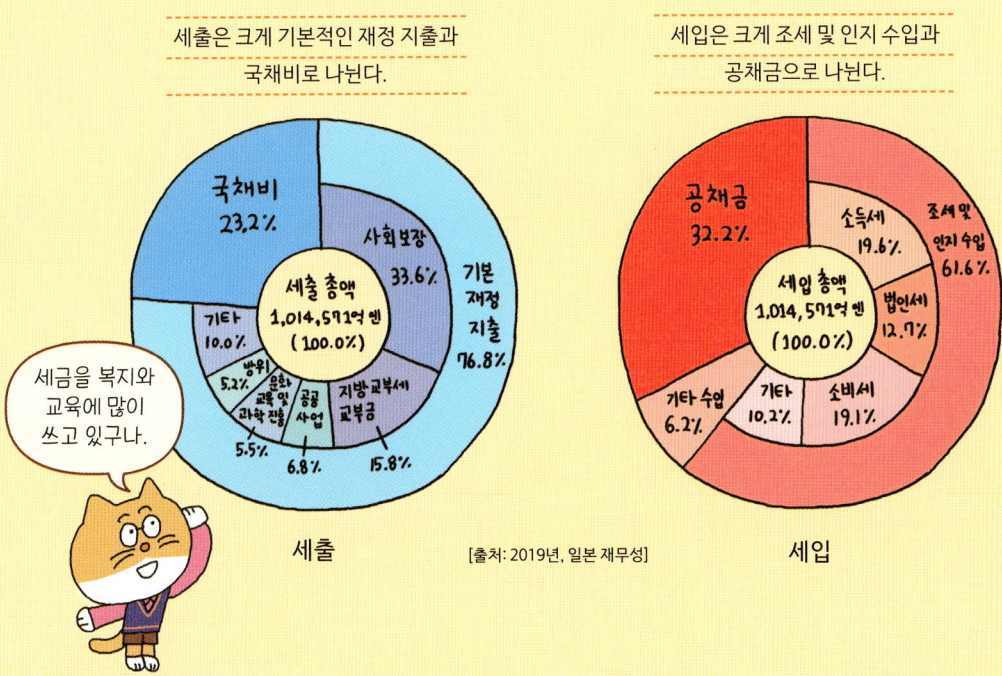

[출처: 2019년, 일본 재무성]

사회 보장: 연금, 의료 등 복지 예산.

지방 교부세 교부금: 각 지방 자치 단체가 쓸 수 있도록 나눠 주는 돈.

공공사업: 도로, 항만, 하수도 등 많은 사람들이 이용하는 것에 쓰는 돈.

문화 교육 및 과학 진흥: 문화와 과학 발전을 위해 쓰는 돈.

방위: 나라를 지키는 일에 쓰는 국방비.

기타: 경제 협력, 중소기업 대책 등에 쓰는 돈.

국채비: 국가가 여러 사업을 위해 빌렸던 돈을 갚는 돈.

소득세: 개인이 소득이 생겼을 때 나라에 내는 세금.

법인세: 주식회사와 같은 큰 회사에서 소득이 생겼을 때 나라에 내는 세금.

소비세: 물건을 살 때마다 내는 세금.

기타: 나머지 다양한 세금.

기타 수입: 조세 및 인지 수입 이외의 세금.

공채금: 국가가 여러 사업을 위해 빌리는 돈.

일본의 GDP 순위와 무역

◉ 세계 GDP 순위

◉ 일본 주요 수입국 ◉ 일본 주요 수출국

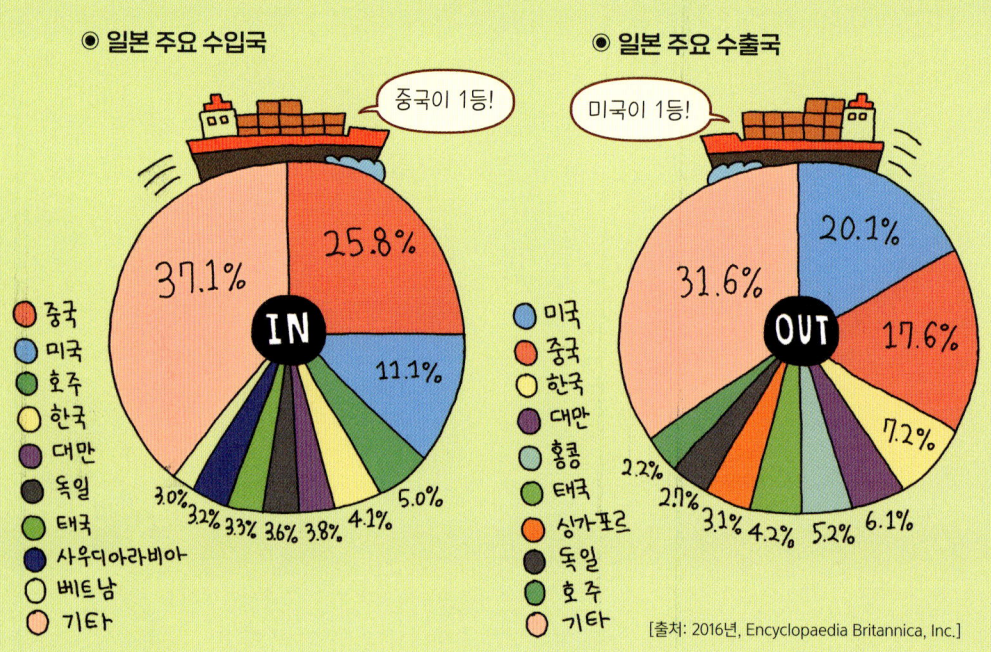

● 일본 주요 수출 품목

[출처: 2015년, JETRO 무역통계]

● 일본 주요 수입 품목

[출처: 2014년, 한국무역협회]

일본의 주요 철도·공항·항만

일본의 항만은 크기와 역할에 따라 국제 전략 항만(5개), 국제 거점 항만(18개), 중요 항만(102개), 지방 항만(808개), 56조 항만*(61개)으로 나뉘며 총 994개 항만이 있다. 일본의 공항은 미군 비행장을 제외하고, 크기와 역할에 따라 거점 공항(28개), 지방 관리 공항(54개), 기타 공항(7개), 공유 공항(8개)으로 나뉘며 총 97개 공항이 있다. 일본의 철도에 대해 살펴보자면, 우리나라의 KTX와 같은 고속 철도를 신칸센이라고 하는데 규슈에서 훗카이도까지 연결되어 있다. 신칸센 외에도 수많은 지방 철도가 있다.

*56조 항만: 일본 항만법 56조에 따라 구분되는 항만.

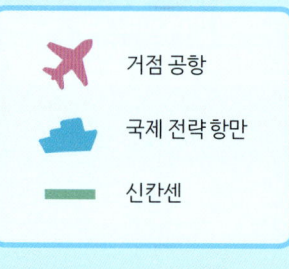

- ✈ 거점 공항
- 🚢 국제 전략 항만
- ― 신칸센

후쿠오카 · 히로시마 · 고베 · 오사카
마츠야마 · 다카마츠
규슈 · 고치
가고시마

일본의 대중적인 스포츠

스모는 일본의 전통 스포츠이다. 우리나라의 씨름과 비슷한 종목으로 일본뿐만 아니라 해외에서도 많은 팬들이 생겨나고 있다. 몽골, 브라질, 조지아, 미국 등 외국 출신 선수도 많다. 현재 스모의 최상위 계급인 요코즈나 2명은 모두 몽골 출신이다. 스모의 규칙은 간단하다. 상대 선수를 쓰러뜨리거나 경기장 밖으로 밀어내면 이긴다.

승패표: 선수들은 이 둥근 승패표 안에서 경기를 한다. 승패표를 넘어가면 패한다.

교지: 스모의 심판이다. 심판도 여러 계급이 있는데 '다테교지'는 심판 중에서 가장 높은 계급이다.

시키리: 경계선에 앉아 맞붙을 자세를 취하는 동작을 '시키리'라고 한다. 시키리 동작에 이어 일어서는 동작을 '다치아이'라고 하는데 이 동작에서 승패의 8할이 결정된다. 조금이라도 늦게 일어나면 상대 선수를 붙잡기가 어려워지기 때문이다.

시키리선: 시키리 동작을 취할 때 이 선을 넘어 손을 짚어서는 안 된다.

마와시: 씨름의 샅바와 비슷하다. 길이 9m, 폭 80cm의 천이다. 이것을 가로로 4~6번 접어 몸통에 감는다.

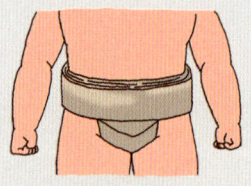

마와시의 앞

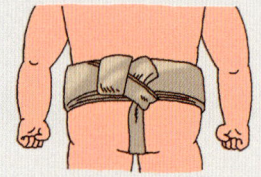

마와시의 뒤

스모의 계급

스모는 철저한 계급 중심이다. 계급에 따른 대우도 하늘과 땅만큼 차이가 난다. 계급을 결정할 수 있는 것은 오로지 실력뿐이다. 그럼 스모에는 어떤 계급이 존재할까?

요코즈나

요코즈나: 스모의 최고 계급. 다른 계급은 성적에 따라 낮아지기도 하지만 요코즈나는 한번 오르면 내려가지 않는다. 하지만 계속 성적이 부진하거나 품행이 올바르지 못하면 은퇴를 권고받는다. 모든 선수를 대표해 항상 존경받을 수 있는 행동을 해야 한다.

오제키: 오제키에 오른 뒤 2개 대회에서 연속으로 우승하면 요코즈나에 오를 수 있는 자격이 생긴다.

세키와케: 스모의 세 번째 계급이다.

고무쓰비: 스모의 네 번째 계급이다.

마에가시라: 요코즈나부터 마에가시라까지 들어갈 수 있는 정원은 42명 이내로 정해져 있다.

쥬료: 이 지위부터 대우가 달라진다. 월급이 나오고 1인실을 사용한다. 옆에서 시중을 드는 사람도 붙는다. 들어갈 수 있는 인원은 28명이다.

마쿠시타: 마쿠시타 이하는 월급이 나오지 않는다. 들어갈 수 있는 인원은 120명이다.

산탄메: 일본식 나막신 게다를 신을 때 양말을 신을 수 있다. 들어갈 수 있는 인원은 200명이다.

죠니단: 죠니단 이하는 게다를 신을 때 양말을 신을 수 없다.

죠노쿠치: 스모 인생의 첫 시작이다.

길이: 약 2.21m

방망이 / 야구모 / 유니폼 / 야구화 / 타자

신비로운 활쏘기 궁도

매우 절제된 동작으로 활을 쏘는데 고요하고 신비로운 느낌마저 든다. 과녁을 맞추는 것도 중요하지만 그보다는 활쏘기를 통한 마음 다지기를 중요하게 여긴다. 일본 궁도 연맹에 등록된 사람은 14만 명이 넘는데 그 가운데 절반 이상이 고등학생이다.

일본의 국민 스포츠 야구

야구는 일본에서 가장 인기 있는 스포츠이다. 프로 야구는 12개 구단이 센트럴리그와 퍼시픽리그로 나뉘어 운영되고 있다. 일본은 고등학교, 중학교 야구도 인기가 많아 관련된 잡지나 책도 많이 출판되고 있다. 일본 고등학교 야구 연맹에 따르면 2020년 기준, 3957개 학교에 야구부가 있고 등록된 선수만 무려 143,867명이라고 한다. 매년 '고시엔'이라는 고교 야구 대회가 열린다.

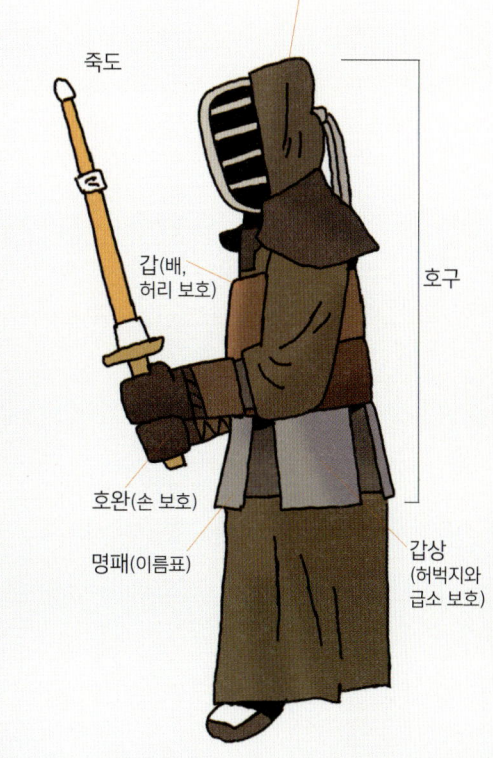

중학교 필수 과목 　유도

일본의 유도 역사는 아주 오래되었다. 격투기이지만 정신 수양을 기본으로 하는 스포츠이다. 그래서 2012년부터 유도는 중학교 필수 과목이 되었다. 일본 유도 연맹에 따르면 2018년 기준, 등록 선수는 149,301명이고 이중에 반 이상이 중고등학생이다. 유도장은 2197개나 되는데 전국 여러 곳에 흩어져 있어서 어디에서나 쉽게 찾을 수 있다.

올바른 인간의 길 　검도

검도는 보호구를 착용하고 죽도로 상대방을 때리거나 찌르면서 승부를 겨루는 경기이다. 하지만 단순한 격투기가 아니라 몸과 마음을 단련시켜 올바른 인격을 가꾸어 가는 운동이다. 특히 상대의 인격을 존중하고 예법을 가르치는 데 힘을 쏟고 있다.

일본의 행정 조직도

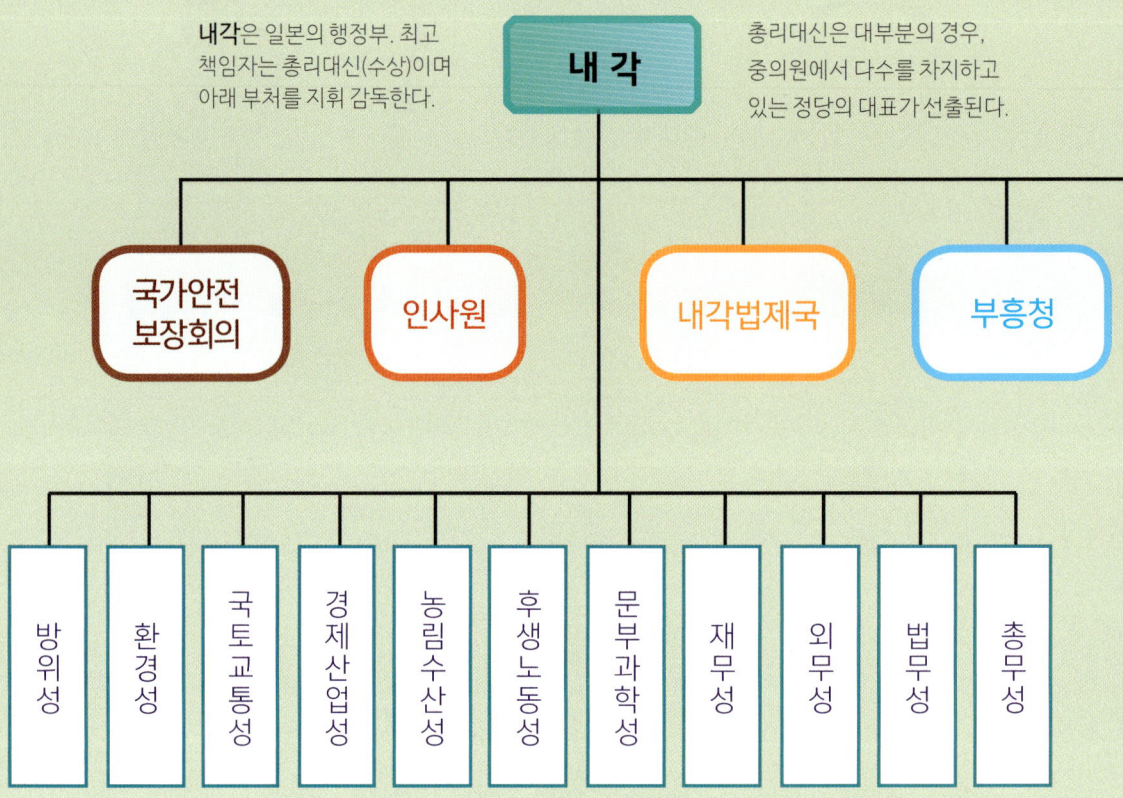

국가안전보장회의: 국가 안전에 관한 중요한 일을 결정한다. 총리대신, 내각 관방 장관, 외무 대신, 방위 대신 4인이 모여 회의를 한다. 필요에 따라 안보 관련 내각 대신 9인이 회의를 할 때도 있다.

인사원: 국가 공무원의 인사 관리를 한다.

내각법제국: 법안이나 법제에 관한 심의, 조사를 한다.

부흥청: 2011년 동일본대지진으로 피해를 입은 지역을 돕기 위해 만든 기관이다.

내각관방: 내각의 보조 기관이다. 내각을 이끄는 총리대신을 돕고 내각의 주요 정책을 기획하고 조사, 조정한다.

내각부: 내각관방을 도와 내각의 중요 정책에 관한 기획 등을 조정한다.

궁내청: 왕실 사무 및 행사 관련 일을 한다.

공정거래위원회: 기업이나 상점이 공정한 거래를 하도록 돕는다.

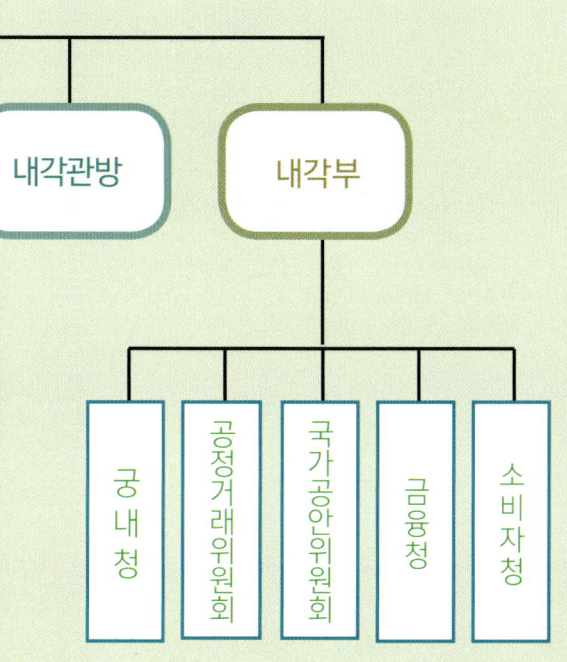

국토교통성: 국토 개발, 보전, 교통, 기상에 관한 일을 한다.

경제산업성: 경제, 산업 개발 및 광물 자원, 에너지 자원에 관한 일을 한다.

농림수산성: 농업 및 수산업에 관한 일을 한다.

후생노동성: 건강, 의료, 복지, 노동에 관련된 일을 한다.

문부과학성: 교육, 문화, 학술, 스포츠, 과학에 관련된 일을 한다.

재무성: 국가의 예산, 결산, 회계, 조세에 관련된 일을 한다.

외무성: 다른 나라와 외교에 관련된 일을 한다.

법무성: 법질서 유지, 국민 권리 보호 등 법과 관련된 일을 한다.

총무성: 선거, 소방, 방재, 정보 통신, 공무원 제도 등 국가의 기초적인 일을 한다.

국가공안위원회: 경찰 최고 기관으로 사회의 안전을 돌본다.

금융청: 은행, 증권, 보험 등 금융 기관을 감독한다.

소비자청: 소비자의 권리를 보호한다.

방위성: 자위대를 관리하고 운영한다.

환경성: 환경 보호, 공해 방지, 원자력 관리 등에 관한 일을 한다.

목판화로 보는 일본의 옛 모습

여기에 실린 그림들은 일본 에도 시대(1603-1867년) 때 서민층에서 유행한 목판화이다. 우키요에라고 하는데 주로 풍속화가 많다. 당시 우키요에의 인기는

1659년 도쿄를 가로지르는 스미다강에 세워진 료코쿠다리이다. 스미다강 양쪽 길에는 찻집, 요릿집 등 먹거리와 구경거리가 많았다.

굉장했다. 지방에 사는 사람들은 에도(도쿄)에 들러 가부키 공연을 보고 우키요에를 사서 돌아가는 걸 큰 행복으로 여겼다.

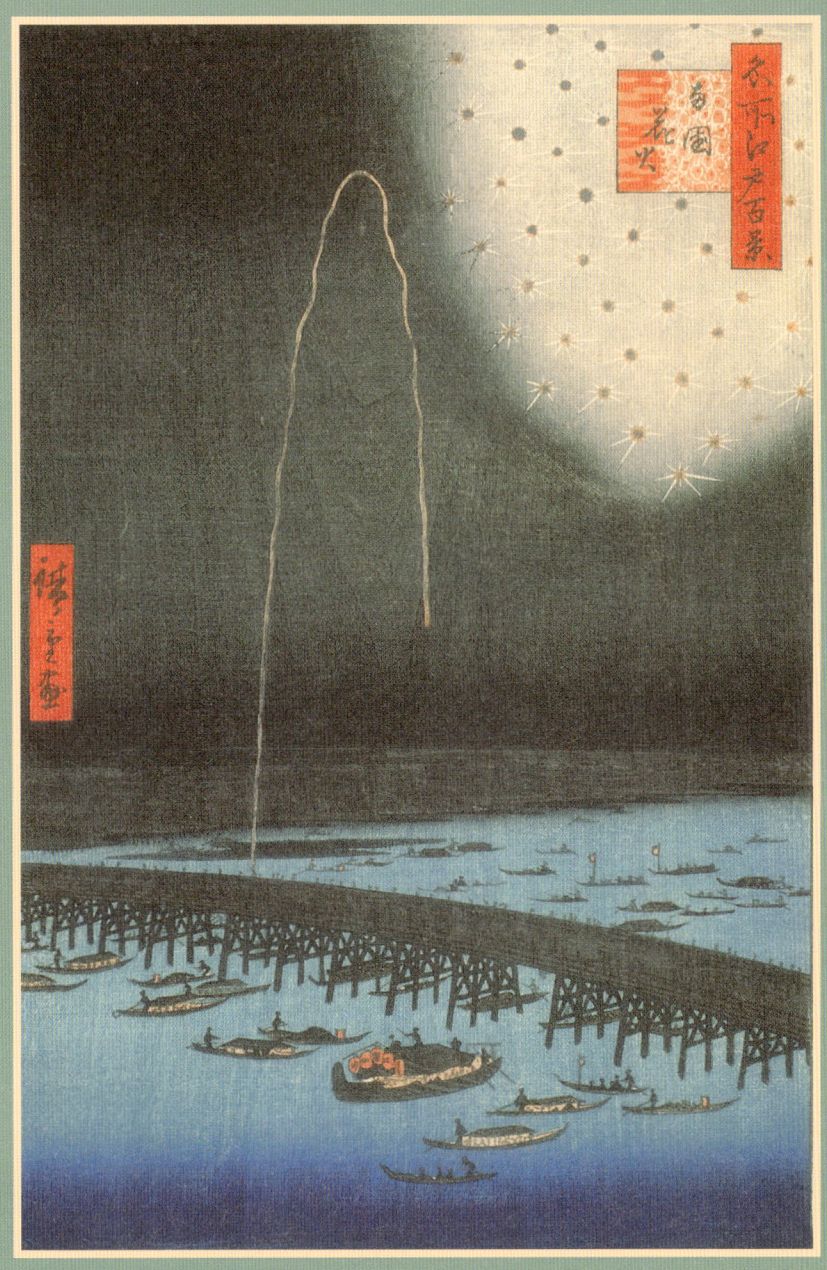

아주 옛날부터 일본 사람들은 불꽃놀이를 즐겼다. 지금도 여름밤이면 료코쿠다리에서 쏘아 올린 폭죽이 밤하늘을 아름답게 수놓는 광경을 볼 수 있다.

도쿄의 니혼바시강에 세워진 니혼바시다리이다. 이른 아침부터 많은 사람들이 시장에 내다 팔 물건을 들고 다리를 건너고 있다. 지금도 니혼바시는 도쿄의 중요한 상업지구이다.

아주 옛날 일본에는 '인마계립'이라는 중계소가 있었다. 이곳에서는 짐을 나르는 사람과 말이 교대를 하거나 숙식을 해결했다.

나뭇가지에 주전자를 매달고 돌을 주워 모아 간단히 아궁이를 만들어 차를 팔았다.
사람들은 이런 간소한 찻집 주변에 걸터앉아 차를 마시곤 했다.

사람들이 강을 건너는 모습이다. 짐을 잔뜩 실은 말을 끄는 사람도 있고, 가마를 타거나 업혀 가는 사람도 있다.

1. 어쩌다 이런 일이!_일본의 조선 침략

안녕? 반가워! 너희는 일본 하면 어떤 이미지가 떠올라? 일장기? 일제 강점기 시대의 헌병 군복? 아니면 도요타 자동차나 소니, 파나소닉에서 나온 전자 제품들? 감동적인 애니메이션? 요미우리 자이언츠나 쥬니치 드래건스와 같은 프로 야구팀? 아니면 맛있는 일본식 돈카츠? 카레? 초밥?

사람마다 다르겠지만 예부터 일본은 우리에게 '가깝고도 먼 이웃'이라는 인식이 있어 왔지. 일본은 우리나라를 35년 동안 식민 지배를 하면서 고통을 안겨 주었고 남북 분단의 원인을 제공하기도

「태평삼한출선도」 임진왜란 당시 조선을 침략하기 위해 나고야 앞바다에 모여 있던 일본군의 배. 일본군은 이 배를 타고 조선을 침략했다.

했거든. 요새 특히 일본군 성 노예나 강제 징용 노동자 배상 같은 전쟁 범죄 문제, 역사 교과서 왜곡, 독도 영유권 주장 등의 역사 문제, 후쿠시마 원전 사고 같은 환경 문제 때문에 별로 사이가 좋은 편은 아니야. 그렇지만 우리나라와 많은 물건을 사고파는 주요 수입, 수출국이기도 해서 떼려야 뗄 수 없는 나라이기도 해.

그리고 지리적으로 무척 가깝기 때문에 예부터 서로 교류하면서 문화를 발전시켜 왔고, 앞으로 관계를 잘 맺으면 좋을 이웃 나라임은 분명하지. 그래서 우리는 일본이라는 나라에 대해 좀 더 깊이 있게 알 필요가 있어. 역사적인 나쁜 감정을 넘어 이제는 객관적

「조선 통신사 행렬도」
일본에서 그린 조선 통신사 행렬 그림이다. 조선 통신사의 여행 일정은 짧게는 6개월, 길게는 1년이 걸렸다. 일본은 조선 통신사를 아주 호화롭게 대접했는데 그 비용이 무려 100만 냥이 넘었다고 한다. 당시 일본 정부의 예산이 70~80만 냥이었던 걸 생각하면 아주 큰 비용이었다. 최근 일본에서는 조선 통신사가 일본에 조공을 바치러 온 것이라고 주장하고 있다. 하지만 조선 통신사는 일본의 강력한 요청으로 파견된 것이다.

으로 들여다볼 필요가 있는 거지.

　두 나라 사이에 본격적으로 금이 가고 우리가 역사적으로 큰 아픔을 겪기 시작한 것은 임진왜란 때부터야. 임진왜란 전까지만 해도 조선은 부산의 항구인 부산포에 일본과 간단하게 무역할 수 있는 관사인 왜관을 만들기도 했거든. 그런데 1592년, 왜군이 부산포로 쳐들어온 거야. 임진왜란이 시작된 거지. 그때부터 약 7년 동안 이순신 장군과 각지의 스님들, 백성들이 모두 나서 이들의 침략을 막아 냈어. 하지만 오랜 전쟁으로 수많은 백성들이 목숨과 삶의 터

조선 통신사의 길
· 한양 – 닛코 왕복 4000여km
· 이동기간 6~12개월

01 한국과 일본, 그동안 무슨 일이 있었을까?

전을 잃었지. 그때 조선의 많은 전문 기술자들이 일본으로 잡혀 갔는데, 그중 특히 도공들이 일본의 도자기 기술을 발전시키는 데 도움을 주기도 했어.

임진왜란 이후 한동안 두 나라는 사이가 멀어졌지만 일본이 곧 다시 국교를 맺자고 요청해 왔어. 이에 조선이 응하면서 1636년부터 1811년까지 9차례에 걸쳐 조선 통신사가 일본에 파견됐지. 조선 통신사는 6척의 배에 약 500명의 인원과 물자를 싣고 쓰시마, 오사카를 거쳐 닛코까지 갔어. 일본은 조선 통신사를 아주 호화롭

게 대접했대. 조선 통신사로부터 시와 그림 작품을 얻으려고 숙소 앞엔 사람들이 진을 쳤고, 교토부터 에도까지 조선 통신사가 가는 길 주변에는 구경꾼이 구름처럼 모여들었다고 하지.

그렇게 세월이 흘러 1868년, 일본은 메이지 유신이라는 파격적인 개혁을 해. 신분 제도를 없애고, 정치 제도를 개혁했으며, 상공업을 발달시키고, 교통과 통신 시설도 정비했지. 새 시대에 맞는 신식 교육을 시작하는 등 근대 국가로 발돋움하기 위해 노력했어. 서양의 앞선 문물을 철저하게 모방하고 배웠던 거야.

그때부터 일본은 유럽이나 미국처럼 부강한 나라가 되겠다는 목표를 세워. 1871년, 텐노(천황)를 중심으로 새롭게 구성된 정부는 외무 장관을 비롯해 유학생, 지식인 등 100여 명의 사절단을 미국, 영국, 독일 등지로 파견해 2년 동안 선진 문물을 살피고 각 분야에 대한 보고서를 작성하도록 했어. 이 사절단을 이와쿠라 사절단이라고 해. 정부는 그 보고서를 바탕으로 새롭고 강한 일본의 밑그림을 그렸지.

일본 텐노는 1885년에 내각 제도를 확립하고, 1889년에 대일본 제국 헌법을 공포하면서 지금과 같은 정치 체제의 기틀을 세웠어. 1890년에 첫 번째 국회 의원 선거를 실시하고 제국 의회를 설치했는데 이것은 아시아에서 최초로 헌법과 의회를 갖춘 근대적 입헌 국가가 됐다는 것을 의미해.

　병력에 있어서도 신식 무기와 전투 기술로 무장하기 시작했던 일본은 먼저 가까이에 있는 한반도부터 침략하기로 마음먹어. 그 마수의 손을 뻗치기 시작한 게 1876년, 불평등하게 맺은 강화도 조약부터야. 1895년 명성 왕후를 참살한 을미사변, 1905년 외교권을 빼앗은 을사조약을 거쳐 1910년에는 강압적으로 한일 병합 조약을 맺게 했지. 그리고 우리나라에 조선 총독부를 설치했어. 총칼로 위협하는 헌병 경찰들을 전국 곳곳에 두고 조선의 독립을 도모하는 사람들을 붙잡아 고문하고 죽였어. 조선 사람들이 모이는 것을 금지하고, 일본 말을 쓰게 했으며, 관리는 물론 학교 선생님에게도 제복을 입히고 칼을 차게 했지. 조선의 광산이나 어장에서 얻은 자원을 일본으로 모조리 빼돌렸고, 특히 토지 조사 사업을 실시해 우리나라 토지의 약 40퍼센트를 빼앗아 일본인에게 넘겼어.

　이런 일본에 대항해 우리 민족은 비밀리에 독립 단체를 만들어 전투를 벌였어. 상해에 임시 정부도 세우고 국내외에서 일본군과 일본의 주요 인물들을 암살하는 등 치열한 독립운동을 펼쳤지. 1919년 3월 1일에 벌어진 대표적인 평화 독립운동, 3·1만세 운동을 비롯해 일본에서 벗어나기 위한 다양한 항일 투쟁을 벌였어.

2. 우리는 왜 이토록 평행선일까?_한국과 일본의 관계

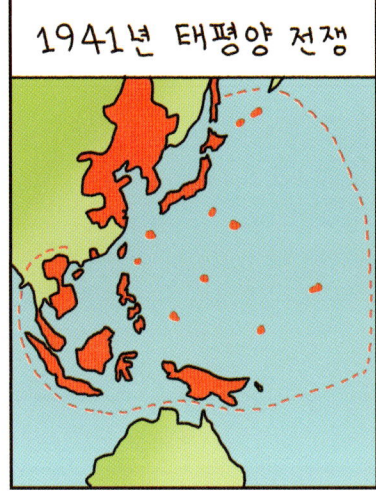

일본은 1937년에 중국과 중일 전쟁, 1941년에 연합군과 태평양 전쟁을 일으켰어. 이때가 일제 강점기 막바지에 접어드는 시기였지. 일본은 전쟁을 치르면서 우리나라의 모든 인력과 물자를 강제로 동원했어. 수많은 사람들을 전쟁터를 포함, 일본 각지의 탄광, 전쟁에 필요한 물품을 만드는 공장, 비행장 같은 군사 기지 공사장에 강제로 끌고 갔어. 죽을 때까지 일을 시키거나 성 노예로 짐승처럼 부리다가 죽였지. 이때 희생된 사람들만 수십만 명이 넘어.

1945년 8월 6일과 9일, 미군을 중심으로 한 연합군이 일본 히로시마와 나가사키에 원자 폭탄을 떨어뜨리고 나서야 일본이 항복하면서 태평양 전쟁이 끝나. 전쟁의 뒤처리를 위해 일본에는 연합

국 총사령부가 설치됐고 최고 사령관에 미국의 맥아더 장군이 임명됐어. 1946년 5월 3일부터 1948년 11월 12일까지 일본 제국이 벌인 전쟁에 대한 책임을 묻는 재판이 열렸고, 당시 수상이었던 도조 히데키를 비롯해 전쟁을 이끌었던 일본의 지도자들이 재판받고 7명은 처형돼. 그런데 전쟁에 가장 큰 책임이 있는 쇼와 텐노, 즉 히로히토는 재판을 면했어. 맥아더가 쇼와 텐노를 내세워 일본을 간접 통치하는 것이 유리하다고 판단한 거야. 그래서 텐노에게서 통치할 수 있는 권한을 빼앗고 인형처럼 앉혀 두기만 했지.

1951년 9월 8일, 샌프란시스코 강화 조약이 맺어지면서 일본이 벌인 전쟁 뒤처리는 끝났어. 이 조약으로 인해 일본은 중일 전쟁 이후

6·25 전쟁 당시 인천에 연합군이 도착하고 있다.

에 빼앗은 영토와 권리를 모두 잃게 됐지. 그런데 일본 항복 직전, 우리나라 남쪽에는 미군이, 북쪽에는 소련군이 주둔해 있던 상태였어. 대한민국 임시 정부가 분명 존재했지만 주체적으로 인정받지 못한 채 한반도의 운명이 연합군의 손에 맡겨지게 된 거야. 결국 남한에는 1948년 8월 15일 이승만을 중심으로 하는 대한민국 정부가 세워졌고, 그해 9월 9일 북한에는 김일성을 중심으로 하는 조선 민주주의 인민 공화국이 세워졌어. 남북의 분단은 같은 민족끼리 죽고 죽이는 6·25 전쟁을 가져왔어. 그리고 올해로 일제 강점기 35년의 2배가 넘는 75년을, 이념 때문에 서로에게 총부리를 겨

1965년 6월 22일, 굴욕 외교라 불리는 한일 기본 조약 체결 장면이다.

누며 살고 있는, 세계에서 하나뿐인 민족이 되었어.

우리나라는 일제에게서 해방된 뒤 한동안 일본과 교류하지 않았어. 그러다 해방된 지 20년 만인 1965년, 한일 기본 조약이 체결되면서 다시 교류하게 되었지. 박정희 대통령이 국민들의 반대를 무릅쓰고 일본과 한일 기본 조약과 한일 청구권 협정을 맺은 거야.

일본은 이 조약과 협정을 맺으면서 한일 양국과 국민 간의 '청구권 문제가 완전히 그리고 최종적으로 해결된 것'이라며 한국에 3억 달러를 주고, 2억 달러를 빌려 주는 형식으로 당시 우리 정부에 도움을 줘. 이 돈은 당시 우리나라의 2년 예산에 해당하는 큰돈이

었어. 그런데 일본군 강제 징용 노동자들이 개인적으로 소송을 제기한 결과 한일 기본 조약과 한일 청구권 협정에서 다뤄지지 않은 문제들이 남아 있음을 확인했거든. 그래서 2012년과 2018년에 손해 배상 청구가 가능하다는 판결이 났지. 이 판결로 우리나라 대법원은 2018년 10월과 11월에 열린 각각의 징용 노동자 소송에서 일본의 신일철주금(일본제철)과 미쓰비시공업이란 회사에게 손해 배상을 하라는 명령을 내렸어.

   일본군 성 노예 문제는 일본과 한국 사이의 가장 민감한 문제로 아직도 해결의 실마리를 찾지 못하고 있어. 어린 시절에 강제로 일본군에 끌려가 성 노예가 되었다가 살아남은 할머니들이 용기

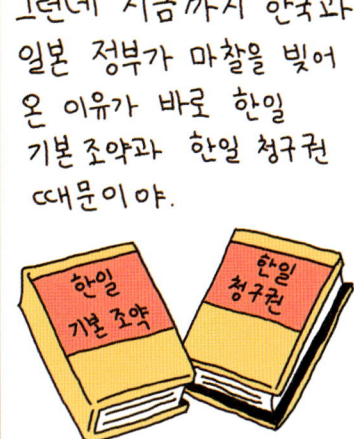

를 내 1991년 일본 법원을 통해 일본 정부에 소송을 걸면서 이 문제가 세상에 알려졌지.

일본 정부는 1993년에 미야자와 내각의 고노(요헤이) 당시 관방장관을 통해 '사과와 반성'의 담화를 발표했어. 이어 1995년에 무라야마 총리가 '전후 50주년 종전 기념일을 맞아'라는 성명을 내고 식민지 지배와 침략으로 한국 국민들에게 막대한 손해와 고통을 안겨 줬다고 사죄의 뜻을 밝혔지.

그런데 2012년에 자민당 아베 총리가 이 입장을 확 바꿔 일본의 침략 자체를 부정했고, 일본의 전쟁 범죄자들이 묻혀 있는 야스쿠니 신사를 참배해 한국과 중국 등 여러 나라로부터 비난을 받았

야스쿠니 신사는 메이지 유신을 위해 목숨을 바친 사람을 기리려고 만든 제사 시설이지만 태평양 전쟁 등 침략 전쟁을 일으킨 전쟁 범죄자들 역시 기리고 있다. 아시아의 많은 국가들은 일본 정치인들이 야스쿠니 신사를 참배하는 것을 비판하고 있다.

어. 일본 정치 세력은 자꾸 말을 바꾸고 있어. 그런 참혹한 짓을 저지른 적이 없었다고 발뺌하거나, 사과를 도대체 언제까지 해야 하냐 하면서 말이야. 이리저리 말 돌리면서 입장을 바꾸는 모습을 보고 진정으로 사과받았다고 생각하는 사람은 없겠지?

우리나라에서는 일본군 성 노예 문제를 알리기 위해 '평화의 소녀상' 건립 운동을 국내외에 널리 펼치고 있어. 우리나라 국회는 매년 8월 14일을 '위안부의 날'로 정했고 말이야. 2019년 4월 현재 우리

01 한국과 일본, 그동안 무슨 일이 있었을까?

야스쿠니 신사 때문에 신사에 대한 이미지가 좋지 않지만 신사는 일본의 고유 종교인 신도의 신을 모시는 제사 시설이며 일본 어디에서나 쉽게 볼 수 있다. 이 신사는 교토의 니시키 시장에 있는 신사이다.

나라 정부에 등록된 일본군 성 노예 피해자 240명 가운데 2020년 7월 현재, 223명이 세상을 떠나 17분의 할머니만 살아 계셔. 과거에 대한 반성 없이 미래는 없는 법이야. 지금이라도 일본 정부가 할머니들에게 진심 어린 사죄를 했으면 좋겠어.

02
일본의 정치와 법을 살펴보자!

상징적인 존재에 지나지 않았던 텐노는 원래 도쿄에서 한참 떨어진 교토에 살고 있었다. 1868년, 실질적인 통치자가 되자 수도를 교토에서 도쿄로 옮겼다. 교토의 궁을 떠나 도쿄

1. 일본에는 텐노가 있다고?_텐노와 일본의 정치

현재 일본은 2019년을 '레이와 원년(令和元年)' 또는 '레이와 1년'이라고 해. '레이와(令和)'는 '사람들이 아름다운 마음을 모아 맞대면 문화가 태어나고 자라니 매화꽃처럼 내일을 향한 희망을 꽃피울 수 있는 나라가 되기를 바란다.'는 뜻이래. 그런데 2019년 4월 30일까지는 2019년을 '헤이세이(平成) 31년'이라고 불렀어. 왜 그럴까?

'레이와 00년'이라고 부르는 걸 연호라고 해(일본에서는 원호).

로 떠날 때 텐노의 행렬은 무려 한 달간 이어졌다. 사람들은 텐노를 보려고 거리로 쏟아져 나와 북새통을 이루었다.

황제나 왕이 즉위하는 해에 붙이는 이름이야. 우리나라에서는 중국의 연호를 같이 쓰다가 고종이 대한 제국을 선포하면서 1897년을 '광무(光武) 1년'이라고 불렀지. 일본이 아직도 연호를 쓰고 있는 것은 바로 텐노가 있기 때문이야. 일본에는 국민과 국토를 다스리는 총리 위에 텐노가 있어.

그럼 텐노는 어떤 권한을 가지고 있을까? 일본 헌법에 텐노는 일본의 상징이며 헌법이 정한 나랏일을 제한적으로 한다고 나와 있

텐노가 청일 전쟁에 관해 군 참모들과 회의하고 있는 모습. 뒤쪽 가운데에 있는 사람이 텐노이다.

어. 헌법이 정한 나랏일이란 중요한 문서에 서명이나 날인하는 것 정도이지. 그래서 '상징 텐노제'라고 해.

일본에는 언제부터 텐노가 있었을까? 『일본서기』라는 일본에서 가장 오래된 역사책에 의하면 기원전 660년에 초대 텐노인 진무 텐노가 즉위한 것으로 돼 있어. 마치 우리나라의 단군과 비슷하다고 볼 수 있지.

텐노가 등장하기 시작한 때만 해도 부족 연맹의 우두머리 정

청일 전쟁은 1894년, 조선의 동학 농민 운동에 출병하는 문제로 일본과 청나라 사이에서 벌어진 전쟁이다. 이 그림은 일본군이 우리나라 바다에서 청나라와 싸우는 장면을 담고 있다.

도였어. '대왕(오키미)'이라는 호칭을 사용한 적도 있다고 해. 7세기 중엽에 텐노제가 확립되면서 텐노는 '살아 있는 신'으로 추앙받았지. 여러 과정을 거쳤지만 일본의 텐노가 실권을 장악한 적은 거의 없었어. 9세기 이후부터 정치는 귀족이나 무사에 의해 주로 이뤄졌단다.

텐노가 실제로 통치를 하게 된 것은 1868년, 메이지 유신 때야. 19세기 중반 서구 열강이 일본을 찾아와 나라의 문을 열고 무역을

하자고 요구했어. 이때부터 일본은 서양식 근대화를 목표로 개혁을 시작했는데, 이것이 메이지 유신이야. 메이지 유신 정부는 서양의 기술과 제도를 적극적으로 받아들였어. 일본도 조선처럼 신분이 있었고 신분마다 사회적인 평가와 대우가 달랐는데 그 신분을 없앤 거야. 누구라도 토지를 가질 수 있으며 사고팔 수 있도록 토지 제도를 개혁했지. 또 근대식 군대를 만들고 산업을 발달시켰어. 이를 통해 일본은 아시아에서 가장 먼저 근대화에 성공한 거야.

메이지 유신 이후, 텐노는 통치권을 갖는 국가 원수이자 신성한

국민은 세금을 내고 국회 의원을 직접 선출한다. 국민에 의해 선출된 국회 의원은 나라에 필요한 다양한 법을 만들고 국민이 낸 세금을 이용해 행정부가 나랏일을 잘하는지 감독한다.

존재가 되었고 일본의 근대화와 산업화, 대륙 침략, 태평양 전쟁의 개전과 항복에 이르기까지, 일본의 모든 것을 지휘했지. 1945년, 제2차 세계 대전에서 패한 뒤 전쟁을 일으킨 책임을 물어 텐노가 처벌받아야 한다는 국제 사회의 여론이 높았어. 하지만 당시 일본을 점령했던 연합군 총사령부 맥아더 사령관의 판단으로 처벌 문제는 없던 것으로 했다고 했지? 대신 텐노는 신이 아닌 인간이라고 선언하고 다시 실권을 잃은 채 자리만 유지하게 됐어. 일본의 일부 역사학자들은 히로히토에게 전쟁 책임을 묻지 못했기 때문에 지

1888년 일본 국회 의사당 건물이다. 지붕 위 붉은 바탕에 검은 글자로 하원, 상원이라고 써져 있는데 각각 하원과 상원이 사용하는 공간을 표시한 것이다.

금껏 일본 사회가 제대로 된 과거사 반성을 하지 못하고 있다고 지적하기도 해. 지난 텐노 즉위식을 앞두고 일부 시민 단체는 '텐노제 폐지' 집회를 하기도 했단다. 이쯤에서 우리나라와 일본의 정치를 한번 비교해 볼까?

우리나라는 국민이 뽑은 대통령을 중심으로 정치가 이루어지는 대통령제인데 비해 일본은 의회를 중심으로 하는 의원 내각제라는 정치 체제를 갖고 있어. 의회는 국민이 뽑은 다수의 국회 의원들로 구성되지. 우리나라의 대통령제가 미국을 본뜬 것이라면 일본의 의원 내각제는 영국을 본뜬 거야. 내각은 행정을 담당하는 곳으로 내각 총리대신(이하 총리)과 기타 국무 대신들(국무 장관, 우리나라로 치면 행정부 장관들)로 이뤄져(20~21쪽 참고).

총리는 의회에서 뽑는데 헌법에 따르면 국회 의원 수를 많이 확보한 정당의 대표가 총리로 뽑히는 것이 일반적이야. 국무 대신들은 총리가 임명하는데 과반수는 현역 국회 의원 중에서 뽑아야 해. 원래 의원 내각제에서는 입법을 담당하는 의회와 행정을 담당하는 내각 사이가 긴밀해서 의견 충돌이 많지는 않아. 그래도 갈등이 아예 안 생기지는 않지. 내각이 못한다는 판단이 들면 의회는 '내각 불신임권'을 써서 내각을 새로 꾸릴 수 있고, 내각은 '의회 해산권'을 써서 국민이 직접 선거를 하게 해 의회를 새로 꾸릴 수 있어. 일본에서는 자주 의회가 해산되어 중의원이 임기를 채우는 일이 많지 않아.

그런데 중의원이 누구냐고? 일본은 의회가 2개로 구성되어 있어. 양원제라고 하는데 중의원(하원)과 참의원(상원)으로 구성되어 있지. 중의원이 참의원보다 힘이 좀 더 세다고 볼 수 있어. 중의원은 참의원보다 임기가 짧지만, 참의원에 비해 권한이 많거든.

중의원과 참의원은 같은 법안이라도 서로 독립적으로 의논해

결정해. 양원의 의결 결과가 같으면 결의가 성립되지만, 다를 경우에는 '양원협의회'에서 조정을 거치게 되지. 이렇게 양원제를 하는 이유는 나라의 중요한 일을 신중하게 결정하기 위해서야. 또한 양원제를 통해 국민의 다양한 의견을 반영시킬 수 있기 때문이지.

1890년, 일본 최초로 국회 의원을 뽑는 선거가 있었다고 했지? 그렇지만 당시에는 모두가 투표할 수 있었던 것은 아니고 해마다 15엔(당시 1엔은 금 1.5g의 가치) 이상의 세금을 내는, 전체 인구의 1.5퍼센트(약 50만 명) 정도만 투표를 할 수 있었어. 1925년에 보통 선거 법안이 통과되면서 비로소 25세 이상 남성 전체가 선거권을 얻었고, 여성은 1946년 1월부터 선거권을 얻을 수 있었단다.

일본의 법체계

일본도 우리나라처럼 국민 모두가 재판을 받을 수 있는 권리가 있다. 법원은 국회에서 만든 법에 따라 사회의 다툼이나 범죄를 판결한다. 법원의 판결 내용을 받아들일 수 없을 때는 3번까지 재판을 다시 받을 수 있다. 예를 들어 간이 재판소나 지방 재판소, 가정 재판소의 판결에 동의하지 않을 경우 상급 재판소에서 차례대로 재판을 다시 받을 수 있다. 일본에는 헌법 재판소가 없으며 우리나라의 대법원과 같은 최고 재판소에서 헌법 재판에 관한 일도 맡는다. 또한 우리나라의 국민 참여 재판과 비슷한 재판원 제도가 있다. 죄가 무거운 범죄의 재판에 국민이 재판관으로서 참여하는 제도이다.

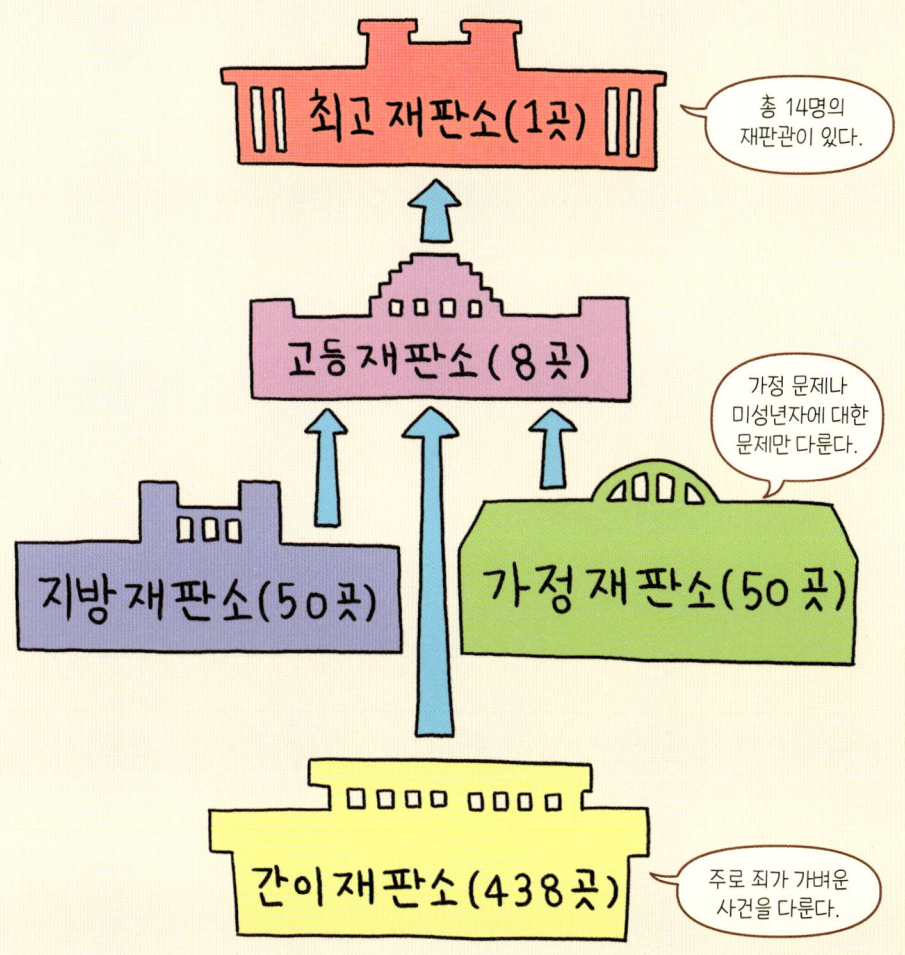

나라의 문을 열어라! 서양에 맞선 일본

도쿄 앞바다에 나타난 페리 흑선.

4개 연합국의 군함과 싸우는 일본의 대포 부대.

1842년까지만 해도 일본은 외국 배들이 가까이 오면 대포를 쏘아 쫓아냈다. 그러던 1853년, 미국의 페리 제독이 강력한 대포를 장착한 검은 배 4척을 끌고 에도항에 다가왔다. 페리 제독은 미국과 무역을 하지 않으면 전쟁을 치르게 될지도 모른다고 으름장을 놨다. 힘이 약한 일본은 미국의 제안을 받아들였다. 이때부터 일본은 서양 문물을 받아들이고 여러 나라와 통상 조약을 맺었다.

하지만 일본의 일부 정치 세력은 외국과 통상 조약을 반대했다. 1863년 6월 25일, 일본의 한 정치 세력 군대가 시모노세키 해협을 지나는 미국 배에 대포를 쐈다. 이에 미국은 영국, 프랑스, 네덜란드와 함께 17척의 군함을 보내 그 지역을 점령했다. 이 사건으로 일본은 지금과 같은 군사력으로는 서양에 맞설 수 없다는 사실을 다시 한 번 깨달았다.

메이지 유신을 이끌었던 일본 지도자들은 일본을 서양처럼 강한 나라로 만들고 싶었다. 그래서 서양의 과학, 기술 등 여러 가지 제도를 배우고 올 수 있도록 미국과 유럽에 사절단을 파견했다. 무려 100명이 넘는 인원이 2년 동안 미국과 유럽을 둘러보고 귀국했는데 이 사절단을 '이와쿠라 사절단'이라고 한다.

이와쿠라 사절단.

메이지의 일본 풍경

왼쪽은 요코하마의 기차, 오른쪽은 시나가와의 기차이다. 일본에 통상 압박을 가했던 미국의 페리 제독이 가져온 선물은 기차 모형이었는데 모형치고는 상당히 컸다. 레일을 100m나 깔아야 했다. 그로부터 18년 뒤 요코하마와 도쿄의 시나가와역을 잇는 기차가 개통됐다. 10시간이나 걸리던 길을 1시간이면 갈 수 있게 되었다.

1800년대 초만 해도 일본은 지금과 같은 모습이 아니었다. 전통 가옥이 즐비했고 사람들은 일본식 상투를 틀고 게다를 신고 다녔다. 1800년대 중후반쯤 메이지 유신을 거치며 일본은 빠르게 서양식으로 변해 갔다. 거리 곳곳에 서양식 건물이 들어서고, 사람들은 양복을 입고 다녔다. 기차는 물론 외국 배가 들어갈 수 있는 요코하마, 고베의 항구는 외국인들로 넘쳐 났다. 이 시기를 일본에서는 '문명 개화기'라고도 한다. 비슷한 시기 아시아의 다른 나라들과 비교하면 일본의 이런 발전은 놀랍도록 눈부신 것이었다.

군마현에 들어선 실을 만드는 공장이다. 프랑스에서 기계를 들여왔고 프랑스 사람이 작업을 지도 했다. 당시에는 마을 유력자의 딸들이 공장에서 일을 했다.

1874년 도쿄 긴자 거리의 모습이다. 이 거리의 건물들은 영국 사람이 설계했다. 일본의 모든 것이 점점 서양식으로 현대화되어 갔다.

서양식과 일본식이 잘 어우러진 높이 36m, 5층짜리 건물이다. 이 건물에는 일본 최초의 근대 은행인 국립제일은행이 들어섰다.

1875년 요코하마에 문을 연 우체국. 우체국이 문을 열자 세계 여러 나라와 우편물을 주고받을 수 있게 되었다.

서양식 건물이 즐비한 요코하마 항구. 바다 쪽으로는 수많은 외국 배들이 들어오고 있다.

2. 일본에는 군대가 없다고? - 평화 헌법과 자위대

1950년, 6·25 전쟁이 터지자 자기 나라를 방어하기 위해 경찰 예비대를 만들었어. 이것이 자위대의 뿌리야.

자위대는 일본의 방위와 일본 내 치안을 담당하고 있는데 점점 활동 범위가 넓어지고 있지.

2001년에는 중동에 있는 미군의 연료 공급을 돕는다며 해상 자위대 함정을 출동시켰고,

2004년 1월에는 이라크 전쟁에 자위대를 파견하기도 했어.

자기 나라 방어를 위해 생긴 자위대가 다른 나라에 파견되고 공격도 하다니 좀 이상하지 않아?

전쟁에 파견할 정도면 군대 아니야?

03

일본과 이웃 나라의 관계를 살펴보자!

1. 친한 듯 안 친한 듯_일본과 중국·타이완

중국은 한자 문화권으로 일본의 이웃 나라이지.

예부터 일본에 불교, 궁중 음악, 도자기, 서예, 수묵화 등 많은 문화를 전해 주었어.

그렇지만 메이지 유신 이후, 일본은 중국을 침략해 많은 사람들을 죽이고 타이완(중화민국)을 식민지로 삼았지.

한동안 관계를 맺지 않던 중국과 일본은 1972년 9월, 중국 저우언라이(주은래) 총리의 초청으로

다나카 일본 총리가 중국을 방문하면서 일중 정상 회담이 성사되고 국교 정상화가 이뤄졌어.

이때 중국은 일본과 잘 지내기 위해서 일본에 대한 전쟁 배상 청구를 포기하고

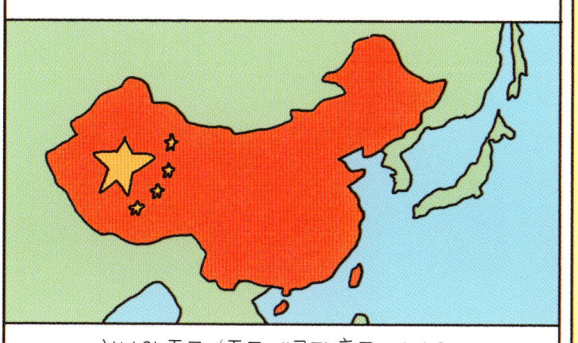

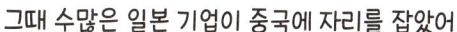

*84쪽 참조

그럼 이제 두 나라 사이가 좋겠다고? 꼭 그런 것만은 아니야. 여러 문제가 있는데 그중 하나가 야스쿠니 신사 참배 문제지. 이것 때문에 중국에서 시위가 많이 일어났고 그로 인해 일본인의 감정도 좋지 않아. 서로 잘 지내다가도 역사 교과서 왜곡 문제와 야스쿠니 신사 공식 참배 문제가 터지고, 센카쿠 열도를 서로 자기네 땅이라고 주장하면서 얼굴을 붉히기도 하지.

국제 연합에서도 중국은 일본에게 참 걸림돌이야. 일본은 1956년에 국제 연합에 가입해서 국제 연합에 내는 분담금도 세계 3위 수준으로 많아. 상임 이사국에 들어가기 위해 호소하고 있지만 중국과 우리나라의 반대로 아직 이뤄지지 않았어.

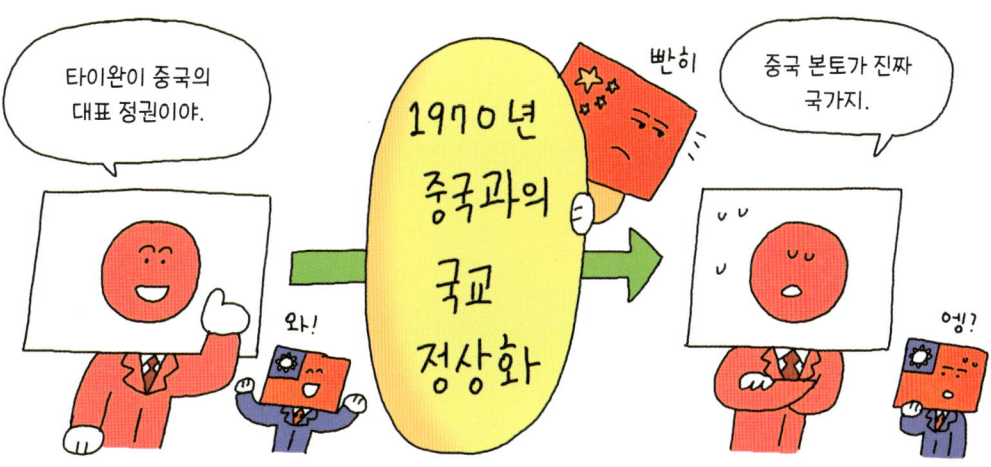

중화민국, 즉 타이완과의 관계는 어떨까? 중국과 타이완은 현재 두 나라로 존재하고 있어. 우리나라와 북한처럼 말이야. 타이완은 일본의 침략으로 강제 병합된 이후 제2차 세계 대전이 끝날 때까지 50년 동안 일본 강점기를 겪었어. 제2차 세계 대전 뒤에는 내전이 벌어져 중국 공산당군(지금의 인민해방군)에게 진 중국 국민당이 타이완으로 옮겨 따로 정부를 세웠지.

과거 일본은 민주주의를 따르는 타이완을 중국의 대표 정권으로 대우했지만 1970년대 중국과의 국교를 성상화시키면서 중국만을 국가로 인정하기로 약속했어. 중국 우선 정책을 취하면서 현재 타이완에는 일본 대사관도 없는 상태야.

2. 미묘한 둘의 사이_일본과 북한

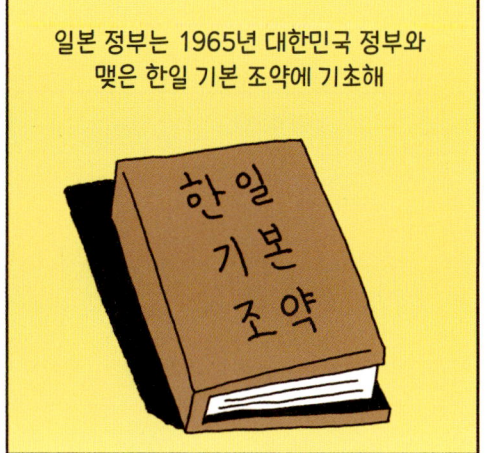

　일본과 북한 사이에서 벌어진 유명한 사건이 있는데 바로 '재일 조선인 북송 사업'이야. 일본에 살고 있는 재일 교포 중 북한으로 가기 원하는 사람들을 지원하는 사업이지. 북한에서는 노동력이 필요했고, 일본에서는 관리하기 어려운 다른 나라 사람들을 돌려보낼 수 있어 좋았거든.

　1959년부터 1984년까지 진행됐는데 93,340명이 배를 타고 북한으로 갔어. 그중 6839명은 일본인 아내와 자녀 등을 두어 일본 국적을 가진 사람이었지. 시간이 흐르면서 북한으로 돌아가고자 하는 재일 교포들이 줄었고 북송 사업은 흐지부지됐지. 그렇지만 북한에 갔던 사람들은 다시 일본으로 돌아오지 못했어.

　일본은 북한으로 간 일본 사람들이 돌아오지 않는 이유를 북한이 막기 때문이라고 생각해. 북한은 이를 부정하고 말이야. 이렇게 골치 아픈 문제들이 많지만 교류가 없는 것은 아니야.

　1972년 7월 4일, 남북 공동 성명으로 남북한의 대립이 어느 정도 완화되자 북한과 일본도 점차 물건을 사고파는 양이 늘어났어. 앞으로 북한이 개방하면 북한 개발에 쓰일 자금이 일본에서 나올 거라고 예상하는 전문가들이 많지. 경제 개발을 하고자 하는 북한으로서도 일본과의 관계 개선이 중요해. 둘의 관계가 어떻게 진전될지 주목해 보자.

3. 슬픈 오키나와 사람들_일본과 미국

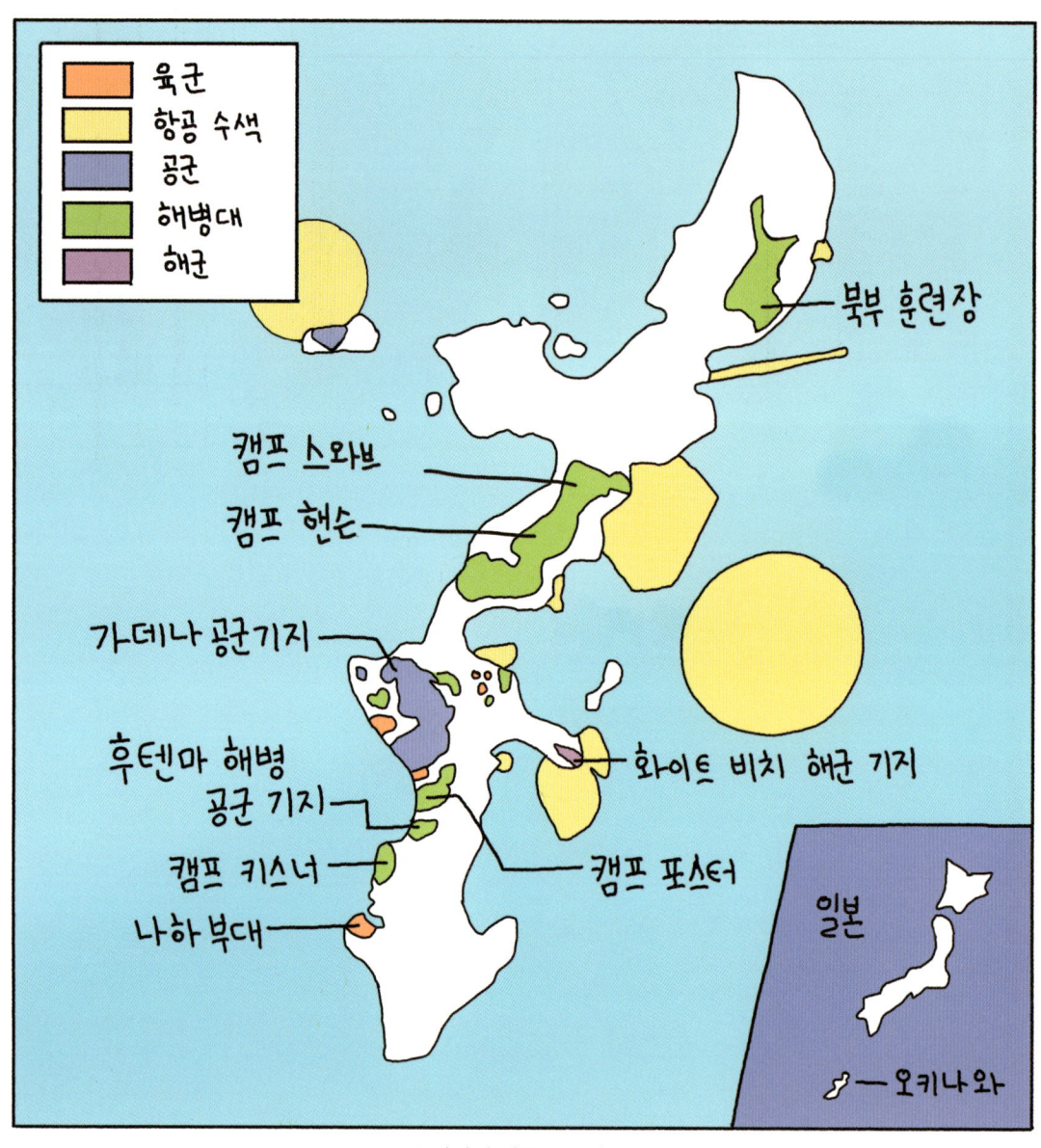

오키나와 미군 주둔지

03 일본과 이웃 나라의 관계를 살펴보자!

1945년 4월, 태평양 전쟁 당시 오키나와 본섬에 상륙하는 미군 함대들.

　태평양 전쟁 때 일본군은 미국을 포함한 연합국 군대와 동아시아·서태평양 지역에서 4년 동안 전투를 벌였어. 그러다 연합군이 히로시마에 원자 폭탄을 떨어뜨리자 일본은 항복했고 연합군에 점령당했지. 그 뒤로 미국은 7년 동안 일본 통치의 중심에 섰어. 샌프란시스코 강화 조약에 따라 1952년 4월, 일본의 주권은 회복되었지만 안보는 여전히 일본에 주둔해 있는 미군에 기대고 있는 상황이야. 미국의 입장에서도 일본에 군대를 주둔시키면 아시아 지역을 관할할 수 있는 군사 기지를 둘 수 있고, 일본 정부에서 군대 주둔 비용을 부담해 주기 때문에 좋아. 하지만 정작 일본의 미군

류큐항에 수많은 배들이 드나드는 모습을 그린 그림이다. 오키나와의 옛 이름은 류큐 왕국이다. 1879년 일본에 합병되기 전까지는 독립 국가였다. 중국, 조선, 일본 등 동아시아의 중간 지점에 위치해 있어 다양한 외국의 무역선들이 드나들었고 중계 무역의 거점이 되기도 했다.

03 일본과 이웃 나라의 관계를 살펴보자!

주둔 지역 주민들은 미군 기지를 반대하고 있어. 이게 외교 문제로 번지기도 하지. 특히 오키나와현에서는 심각한 문제로 떠오르고 있어. 태평양 전쟁 중이던 1945년 4월, 미군은 오키나와에 상륙해 기지를 짓기 시작했지. 미국은 전쟁이 끝난 후에도, 일본이 주권을 회복한 뒤에도 계속 오키나와를 점령하고 있었어. 그리고 한참 뒤인 1972년에야 일본에게 되돌려 주었지.

그러나 그 후에도 일본과 미국이 체결한 조약에 따라 대부분의

오키나와에 있는 츄라우미 수족관은 아시아에서 가장 큰 수족관이다. 오키나와는 일본의 유명 관광지로 알려져 있지만 역사적으로는 굉장히 슬픈 땅이다.

미군 기지가 오키나와에 집중되어 있어. 일본에 있는 미군 기지 면적의 약 70퍼센트가 오키나와에 집중되어 있으니 말 다했지. 그래서 오키나와 사람들은 미군 기지를 줄여 달라고 일본과 미국 정부에 줄기차게 요구해 왔어. 그 결과 1996년, 미국은 오키나와 한가운데 있는 후텐마 비행장을 비롯해 11곳의 미군 기지를 일본에 돌려주었어. 2006년에는 약 8000명, 2012년에는 약 9000명의 미 해

병을 다른 지역으로 옮겼어. 2013년에는 6곳 미군 기지 대부분을 오키나와 내 다른 기지로 옮겼고 2022년 이후에 완전히 돌려주겠다고 밝혔지.

  그렇지만 오키나와 미군 기지 대부분이 여전히 도시 한가운데 있기 때문에 쇼핑 센터나 공원, 도로 등을 짓는 데 어려움을 겪고 있어. 군용기나 헬리콥터 사고뿐 아니라 전투기 소음으로 잠을 못 이루기도 하고, 심지어 수업 시간에 선생님 목소리를 듣기 힘든 학교도 있대. 그리고 미군의 비행기, 배 등에서 새어 나온 연료 때문에 강이나 바다가 더러워지는 환경 문제도 많이 생겨. 더군다나 일부 미군 병사는 범죄를 일으키기도 하고. 사실 이 문제만 아니면 현재 일본과 미국의 관계는 아주 좋은 편이야. 군사, 경제, 정치 모든 부분에 있어서 긴밀한 관계를 맺고 있지.

4. 가만 보면 트집 대장_일본의 영토 분쟁

일본의 영토 분쟁 지역

03 일본과 이웃 나라의 관계를 살펴보자!

　일본은 여러 나라와 영토 분쟁 중이야. 우리나라와는 독도를 두고, 중국과는 센카쿠 열도를 두고, 러시아와는 쿠릴 열도를 두고 말이야.

　독도는 대한민국 경상북도 울릉군 울릉읍 독도리에 속하는 우리나라 섬이야. 독도에서 가장 가까운 우리나라 땅은 울릉도로 약 92km 떨어져 있고, 가장 가까운 일본 땅은 시마네현 오키섬으로 약 157km 떨어져 있어. 우리와 더 가깝지. 역사 기록이나 고지도에도 우리나라가 예부터 독도를 관리해 왔던 기록이 남아 있어. 일본 기록에서는 거의 찾아볼 수 없지. 일본에게 해방된 뒤로 우리가 실질적으로 관리하고 있어. 1954년 7월부터는 해군 대신 독도 경비대가 독도에 머물며 지키고 있지.

　최근 들어 일본은 한일 병합 이전부터 독도가 일본 땅이었다고 주장하고 있어. 우리나라가 독도를 불법으로 점거하고 있다고 항의하지. 요새는 일본 교과서에 독도가 일본 땅이라고 소개하고 있어서 문제가 더 커지고 있어. 원래 독도가 뭔지도 몰랐던 일본인들이 마치 빼앗긴 땅인 것처럼 굴고 있는 거야. 1965년 한일 기본 조약 체결 때 한국과 일본이 협상 과정에서 아예 독도를 폭파해 영토 문제를 해결하자는 이야기가 있었을 정도로 한국과 일본은 독도 문제로 민감해.

    센카쿠 열도 문제는 1970년대 초, 미국의 오키나와 반환 시 센카쿠 열도를 포함한다는 계획이 알려지는 동시에, 동중국해에서 천연가스가 발견되면서 불거졌어. 중국과 타이완에 맞서 일본 우익 단체들이 이 섬에 상륙해 등대를 건설하기도 했지. 현재 이 등대는 일본 정부가 관리하고 있어. 2005년 타이완 어민들이 일본 해상보안청의 단속에 항의하는 해상 시위도 벌였어. 2002년부터는 일본 정부가 사유지를 빌리는 형태로 관리하다 2012년에는 국가의 땅으로 귀속해 관리하면서 민간인 출입이 금지된 상황이지만, 최근 중국인 활동가가 이 섬에 상륙하려는 시도를 보이기도 해 마찰을 빚고 있지.

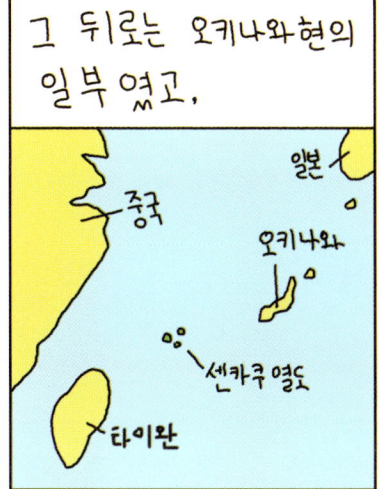  

　러시아와 영토 분쟁을 벌이고 있는 곳은 쿠릴 열도야. 현재 러시아가 실질적으로 통치하고 있는 지역인데 이 섬을 일본에 반환하라는 거지. 일본은 제2차 세계 대전 전부터 일본 땅이던 쿠릴 열도에 소련군이 침공했고 소련을 뒤이은 러시아가 지금까지 실질적으로 통치하고 있다고 주장해. 러시아는 전쟁으로 얻은 정당한 영토라고 주장하고 있고. 현재 쿠릴 열도에 살고 있는 사람들은 러시아나 우크라이나 사람들이 대부분이야. 앞으로 이 문제가 어떻게 해결될지 알 수가 없는 상황이지. 현재의 일본과 러시아 사이에는 경제적 교류가 활발하지만 영토 문제로 인해 어민 총격 사건, 자원 문제 등도 계속 생기고 있어 관계가 그리 원활하지는 않아.

04

일본의 생활·문화·교육을 살펴보자!

1. 말과 글, 정신은 한몸_일본어와 일본인의 성향

일본어는 한자, 히라가나, 가타카나 3가지 문자로 구성되어 있어.

한자는 중국에서 전해진 뜻글자인데 한자의 뜻과 소리로 간략하게 쓰면서 히라가나와 가타카나가 나왔대.

히라가나가 주요 문자인데 명사는 대부분 한자로 써. 외래어나 의성어, 의태어 같은 것은 가타카나로 쓰지.

일본어는 세로쓰기 방식이야. 위에서 아래로 쓰고, 전체적으로는 오른쪽에서 왼쪽으로 읽어 나가지.

예전에는 세로쓰기만 했는데 숫자나 외국어를 쓸 때 너무 길어져서 지금은 가로쓰기도 같이 해.

그렇지만 신문이나 잡지, 책은 여전히 세로쓰기가 많지.

에도 시대에 이름을 날리던 연극배우들이 정월(일본의 설날)을 맞아 연회를 즐기고 있다. 뒤쪽에는 이름표가 달린 '카가미모치'가 진열되어 있다. 정월을 맞아 배우의 제자들이 보내 준 것이다. 카가미모치는 떡을 둥글고 납작하게 빚어 큰 것과 작은 것을 한 개씩 쌓아 올린 것으로 정월에 신에게 바치는 일본 전통 떡이다.

2. 일본인의 삶을 엿보자!_요리, 다도, 꽃꽂이, 기모노, 하이쿠, 가부키

일본 음식의 주재료는 해물, 야채, 쌀이야. 특히 생선회는 오래전부터 내려온 일본의 음식이지. 섬나라답게 풍부한 해산물을 요리에 이용했고, 불교의 영향으로 소, 돼지, 닭은 거의 쓰지 않았어. 재료의 고유한 맛을 살리는 것을 중요시하기 때문에 부드러운 양념과 향료를 사용해. 양념으로는 쇼유(간장)와 미소(된장) 같은 콩 발

말린 가다랑어, 생선회, 생선 조림 등 일본의 옛 그림에 나타난 여러 음식들.

효 식품이나 사케(술), 식초, 미린(맛술)과 같은 곡물 발효 식품을 쓰지. 음식을 담을 때에는 계절에 맞게 선택하는 걸 중요시해. 유리나 대나무로 된 그릇은 대체로 여름에 쓰지.

일본의 식문화 중 유명한 것이 다도야. 다도는 말차 즉, 가루 녹차를 끓여서 대접하고 마시는 것을 말해. 차는 8세기경 중국으로부터 전해졌는데 그중에서도 말차는 12세기 말까지만 해도 높은

교토는 세계적인 관광지이다. 너무 많은 사람들이 몰려들자 교토시는 '교토는 여행자를 위한 도시가 아니'라며 불편을 호소하기도 했다. 이 그림은 교토 가와라마치 근처의 강가 풍경을 그린 것이다. 이 강 주변에는 지금도 많은 음식점들이 모여 있다.

계급의 사람들만 즐길 수 있었대. 14세기경부터 일반 사교 모임에서도 유행하기 시작했지. 주로 조용한 분위기 속에서 중국에서 온 그림과 공예품을 감상하며 다도 모임이 이뤄졌어. 당시 일본 사회를 지배했던 무사들의 규범과 예절에 영향을 받아 말차 마시는 모임에 참석한 사람들이 지켜야 할 격식과 절차가 발달했는데 이것이 다도의 기원이야.

다도는 일본인들의 생활 예술에 중요한 역할을 했어. 말차를 마

일본의 포장마차인 야타이는 에도 시대부터 시작되었다. 당시 야타이의 인기 음식은 메밀국수, 생선 초밥 등이었고, 최고의 인기를 누렸던 것은 튀김이었다. 실내에서 튀김을 만들 경우 화재 위험이 있기 때문에 실내 영업이 금지되었다. 지금도 후쿠오카에 가면 거대한 야타이 거리가 있다.

시는 다실과 다실 밖 정원을 감상하는 것, 차 도구의 아름다움, 서예나 그림 족자 또는 꽃꽂이 등을 감상하는 것도 다도에 포함되거든. 일본의 건축, 정원 꾸미기, 도자기, 꽃꽂이 등 모든 것이 다도에 의해 발전된 거라 볼 수 있을 정도야.

다도의 기본 정신은 깊이 생각한 끝에 나오는 단순함, 그리고 자연과의 조화로 대표되는데 바로 이 정신이 일본의 전통문화 양식을 낳았어. 또한 다도에서 나온 격식이 일본인의 예의 발전의 토대

일본 전통 의상인 '기모노'. 소매가 길고 넓으며 옷단이 발목까지 내려온다.

세 줄로 이루어진 일본의 전통 악기 샤미센.

가 되었다고 해.

　다도와 함께 유명한 꽃꽂이는 일본어로 '이케바나'라고 해. 서양의 꽃꽂이가 꽃의 양과 색채를 강조하며 주로 꽃의 아름다움에 주목하는 데 비해 일본의 꽃꽂이는 배열에 따른 선 모양을 강조하기 때문에 꽃은 물론 꽃병, 줄기, 잎, 가지를 포함한 총체적인 꽃꽂이 예술을 발전시켰단다.

　일본 문학에는 하이쿠가 있는데 특정한 달이나 계절에 관련된

금각사는 교토에 있는 사찰이다. 겉에 금박을 입혀 금각사라고 한다. 일본의 중요 문화재이자 유네스코 세계 유산이기도 하다.

서정을 나타낸 시야. 세상에서 가장 짧은 시로도 알려져 있지. 하이쿠를 처음 접한 서양의 문인들은 하이쿠의 간결함과 깔끔함에 감명을 받았어. 미국에서는 심지어 대중적인 문학 장르이기도 해.

일본 전통극의 5대 장르는 부가쿠, 노, 교겐, 분라쿠, 가부키가 있어. 부가쿠는 일본의 궁중에서 의식을 행하기 전에 추는 식전 무용이야. 노는 14세기에 시작되었는데 세계에서 가장 오랜 역사를 지닌 전통 연극이지. 교겐은 노의 중간에 공연되는 짧은 극으로 인

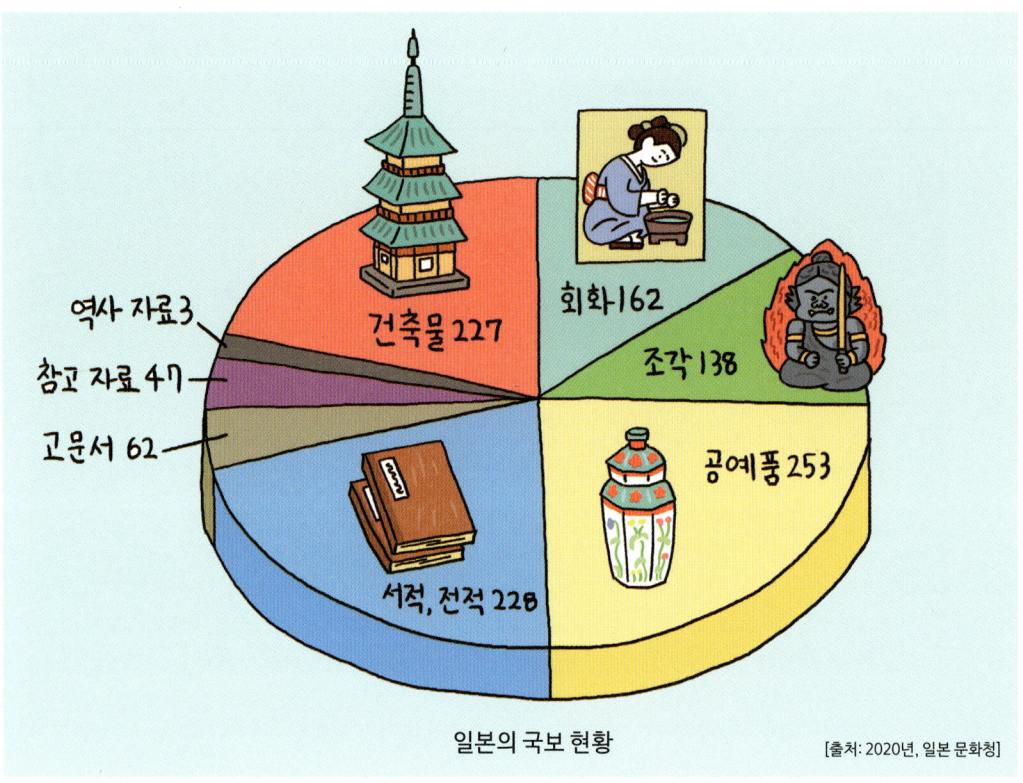

일본의 국보 현황   [출처: 2020년, 일본 문화청]

간의 나약함을 풍자해. 분라쿠는 인형극인데 꼭두각시 인형, 변사의 목소리, 그리고 세 줄의 현악기인 샤미센의 반주로 이뤄져. 가부키는 17세기 초 유랑 극단에서 나온 다채로운 공연이야. 가부키는 연기, 무용, 음악이 웅장하게 어우러진 것으로 도쿄에는 가부키좌라고 해서 가부키 공연 전용 극장이 있어. 2001년 유네스코는 노와 교겐으로 이뤄진 노가쿠 공연을 '인류가 만들어 낸 무형 언어

유산의 걸작'으로 지정한 데 이어 2003년에는 분라쿠 공연도 세계 무형 유산으로 지정했어.

그리고 일본의 대중음악으로는 '엔카'를 빼놓을 수 없어. 20세기 일본의 대중음악은 일본 전통 멜로디와 서구 대중음악의 리듬 및 악기가 조화를 이루며 발전했는데 일본에서 가장 오래된 대중음악 장르는 '엔카'야. 주로 떠나간 사랑에 대한 내용을 담고 있는데 감성적이고 애수를 자아내는 곡조의 노래이지. 우리나라의 트롯과 비슷해.

2020년까지 일본의 국보로 지정된 문화재는 1120건이야. 국보 선정은 1년에 한 번씩 이루어지는데 크게 건축물과 미술 공예품으로 나뉘어. 미술 공예품은 회화, 조각, 공예품, 서적, 전적, 고문서, 고고 자료, 역사 자료로 나뉘지. 일본의 국보 가운데는 나라에서 소유하고 있는 것이 많지만 개인이나 단체, 법인이 소유하고 있는 경우도 있어. 국가 소유가 아닌 문화재는 사고파는 것도 가능하지만 문화청 장관에게 신고를 해야 해. 한편 문화재의 해외 수출은 법으로 금지되어 있단다.

에도 시대의 먹거리 문화

에도는 오래전부터 정치와 경제의 중심 도시였다. 당시 조선의 수도 한양의 인구가 20만 명 정도였는데 에도의 인구는 100만 명이 넘었다. 비슷한 시기에 런던, 파리의 인구가 50만 명 정도였던 걸 감안하면 굉장히 큰 도시였다. 큰 도시인 만큼 외식 문화가 발달했다. 여러 곳에 시장이 열리고 거리 곳곳의 포장마차에서는 튀김, 국수, 장어 등 다양한 음식을 팔았다. 지금도 이 음식들은 일본 사람들의 입맛을 사로잡고 있다.

바닷가 근처 포장마차
포장마차가 즐비하다. 초밥, 튀김, 오징어구이 등 수많은 음식이 진열되어 있다. 먹고 마시며 이야기를 나누는 모습이 흥겨워 보인다.

생선 가게 부엌에서 가다랑어를 손질하고 있다. 가다랑어는 오래전부터 인기 있는 생선이었다.

일본에서는 튀김을 '덴뿌라'라고 한다. 에도 시대에는 거리의 포장마차에서도 튀김을 팔았다. 주로 참기름으로 튀겼다고 한다.

두부를 길게 잘라 꼬치에 끼워 요리하고 있다. 두부는 오래 전부터 사랑받아 온 인기 식재료이다. 지금도 두부를 이용한 다양한 요리가 있다.

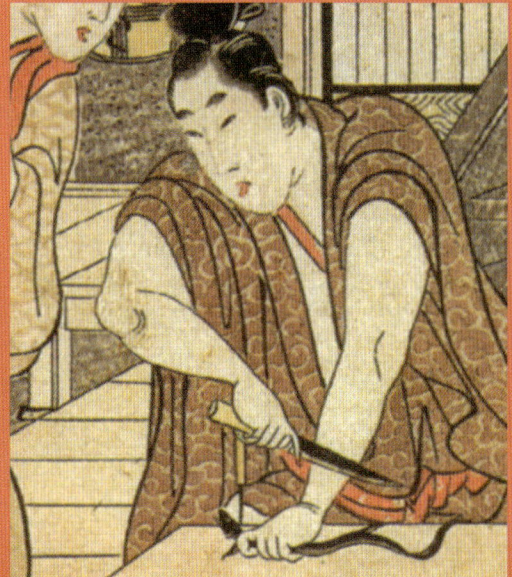

꿈틀거리는 장어를 손질하고 있다. 간장 양념을 끼얹어 구운 뒤 밥 위에 올려 먹는 장어덮밥은 지금도 인기 메뉴이다.

가부키는 서민들의 대표적인 문화 예술

배우의 얼굴 색

배우들의 얼굴 색은 배역의 성격에 따라서 크게 세 가지로 구분된다.

흰색: 기본적으로 지위가 높은 사람이거나 아주 나쁜 사람이다.

연주황색: 이성적인 판단력을 갖춘 사람이다.

붉은색: 대체로 나쁘거나 얄미운 사람이다.

가부키는 서민 문화 예술이다. 가부키의 내용은 정치, 사회, 사건, 유행 등의 내용을 다루고 있어 서민들의 큰 호응을 얻었다. 초기의 가부키 공연은 사람들의 시선을 끌기 위해 화려한 옷을 입은 여자들이 춤을 췄는데 사회 질서를 어지럽힌다는 이유로 출연을 금지했다. 그 후로 모든 배역은 남자가 맡았다. 지금도 남자 배우가 여자 옷을 입고 연기를 한다. 어떤 배역은 의상의 무게가 30kg, 60kg이 넘는 경우도 있다. 보통 희한한 분장을 하고 연기를 하는데 분장의 의미를 알면 이야기를 쉽게 이해할 수 있다. 당시 사람들은 공연을 보면서 음식을 먹거나 술을 마시고 큰소리로 떠들며 이야기를 하기도 했다. 공연보다도 극장의 분위기를 더 즐겼다고 할 수 있다.

시바이쵸
시바이쵸는 가부키와 관련된 물품을 파는 상점과 찻집 그리고 가부키와 관련된 일을 하는 사람들이 모여 사는 동네였다. 도쿄, 교토, 오사카 등에 시바이쵸가 있었다. 시바이쵸는 화재 등을 관리하기 위해 허가받은 곳에만 들어설 수 있었다. 이곳은 항상 사람들로 북적였다.

배우의 얼굴 분장

얼굴에 그려진 무늬는 얼굴의 혈관이나 근육을 과장되게 표현한 것이다.

정의로운 역할

코믹한 역할

나쁜 역할

춤, 음악, 연극이 어우러진 화려한 가부키 극장

정식막
공연이 열리기 전에는 주황색, 검정색, 초록색으로 된 커튼으로 무대가 가려져 있다.

가장 저렴한 좌석이다. 배우들의 뒷모습만 보인다.

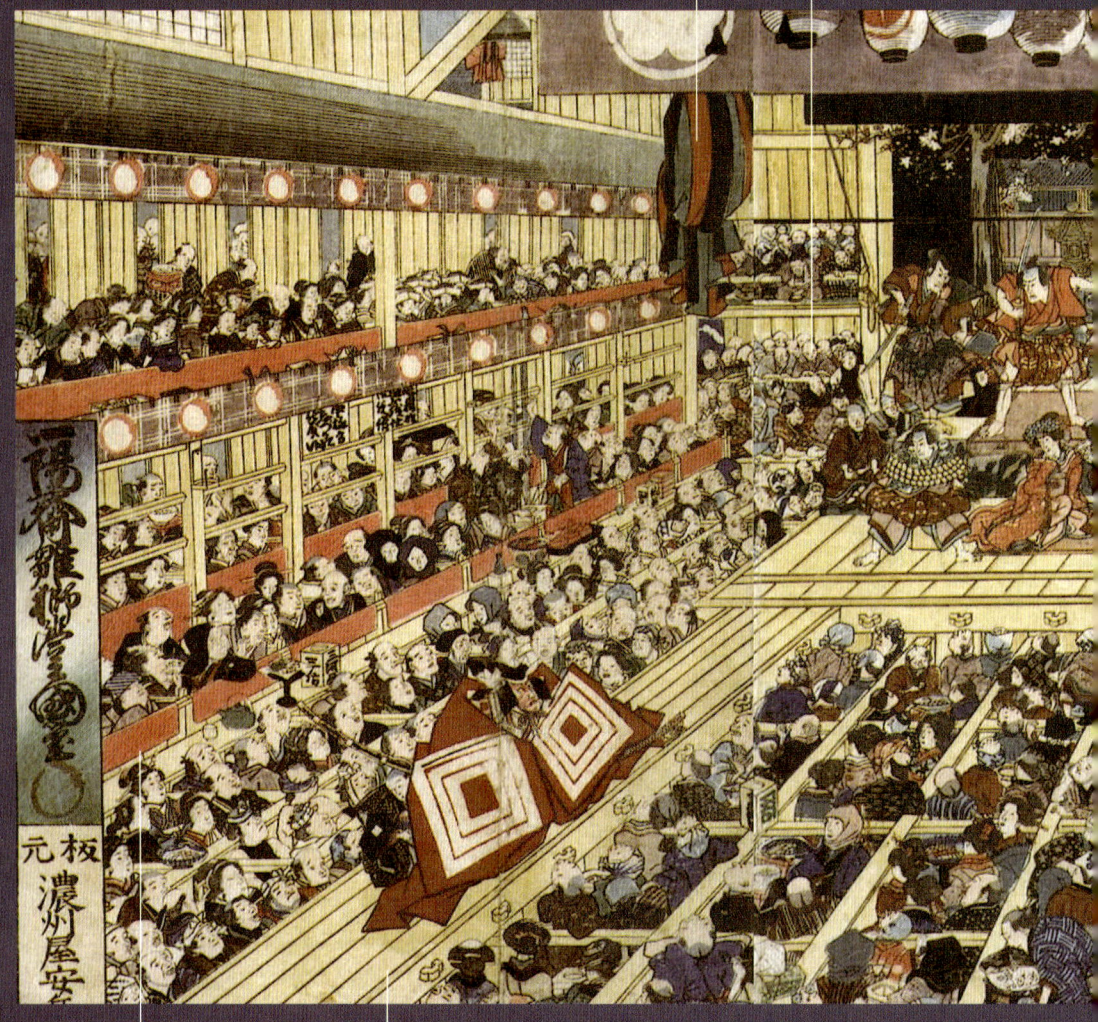

일반석보다는 등급이 조금 높고 특등석보다는 낮은 일반석이다.

하나미치
배우들이 퇴장하는 길이다. 잠깐 서서 연기를 하기도 한다.

극장 앞에는 아침부터 공연을 보러 수많은 사람들이 모여들었다. 특등석은 일반석 가격의 두 배가 넘었으며 주로 귀족이나 무사, 부유한 상인 들이 차지했다.

무대
요즘 가부키 극장의 무대는 회전시켜 배경이나 배우들을 한 순간에 바꿀 수 있다.

꽃 장식
봄에는 벚꽃, 가을에는 단풍으로 장식한다.

나무토막을 쳐서 효과음을 낸다.

일반석
관람객들이 음식을 먹으며 가부키 공연을 감상하고 있다. 지금은 공연장 안에서 음식을 먹을 수 없다.

특정 장면의 연출 효과를 내기 위해 만든 길.

특등석
무대 좌우로 일반석보다 높은 곳에 1, 2층으로 되어 있다. 가장 비싼 좌석이다. 공연이 시작되기 전 극장에 딸린 찻집에서 차를 마시다 연결된 문으로 입장한다.

강에는 폭죽을 쏘아 올리는 부자들의 배와 술과 음식, 폭죽을 파는 장삿배로 가득하다. 배를 띄우지 못한 서민들은 다리에 올라가 불꽃을 감상했다. 다리에 사람들이 너무 많아 난간이 무너져 여러 사람이 다치거나 죽기도 했다.

오랜 역사와 전통을 이어 온 불꽃놀이와 꽃놀이

일본 불꽃놀이는 1700년대부터 도쿄의 료코쿠강 주변에서 시작되었다. 여름밤 부유한 상인들이 가족들과 지인들을 초대해 료코쿠강에 배를 띄웠다. 부자들은 폭죽을 쏘아 올려 불꽃을 감상하며 배에서 음식을 즐겼다. 당시 불꽃놀이는 부유한 상인들이 자신의 경제력을 자랑하는 수단이기도 했다. 그래서 더욱 경쟁적으로 폭죽을 쏘아 올렸다. 불꽃놀이가 시작되면 강 주변은 구경하러 나온 사람들과 포장마차로 북적였다. 본래 꽃놀이는 매화꽃을 감상하는 것이었지만 나중에 벚꽃으로 바뀌었다.

⇐밤하늘에 커다란 둥근 달이 떴다. 한밤중에도 벚꽃은 밝게 빛난다. 지금도 일본 사람들은 벚꽃이 필 때면 가족과 친구들이 나무 밑에 모여 앉아 꽃놀이를 한다.

3. 일본 친구들은 어떻게 공부하고 있을까?_일본의 교육과 노벨상

일본의 모든 소학교, 중학교, 고등학교는 정부의 승인을 받은 교과서를 사용해야 해. 교과서 편집은 민간 출판사들이 하며 이들은 내용의 표현 방식에 있어 어느 정도 재량을 갖지만 규정된 교육 과정을 따라야 하지. 문부과학성은 교과서의 내용을 검토한 뒤 승인을 한단다. 그런데 역사 교과서에 일본군 성 노예나 강제 징용 문제, 그리고 독도 문제 등 역사 왜곡이 많지. 1963년부터 의무 교육 교과서는 무상으로 배급되고 있어. 각 학군에서 사용하는 교과서는 지방 교육 위원회가 선정하며, 사립 학교의 경우 학교장이 선정하게 돼 있지. 그리고 일본의 학기는 일본의 회계 연도와 같은데 4월부터 다음해 3월까지를 1년이라고 쳐. 우리나라보다 한 달 늦게 시작하는

셈이지.

일본은 초등학교 때부터 '입시 전쟁'을 치르고 있어. 가정 교사, 학원을 통해 공부하는 학생들도 많고 대학 입시에 실패하면 재수하는 사람도 많다고 해. 우리나라보다 심하면 심하지 덜하지는 않은 무시무시한 교육열이지.

그런 교육열 덕인지 일본에서는 노벨상 수상자가 엄청나게 많이 나왔어. 지금까지 일본의 노벨상 수상자는 모두 27명이나 돼. 우리나라는 2002년 고 김대중 대통령이 노벨평화상을 받은 것 외에는 없거든.

오늘의 일본을 만든 것은 교육과 함께 언론도 빼놓을 수 없어.

1800년대 일본 소학교 교실 풍경. 당시만 하더라도 아이들이 집안일을 신경 써야 했기 때문에 대부분의 아이들이 학교에 가지 못했다. 하지만 1900년대부터 무상 교육으로 바뀌면서 진학률이 크게 늘어났다.

일본은 대중 매체가 매우 발달했거든. 신문이 등장한 것은 1868년인데 요미우리신문, 아사히신문, 마이니치신문, 니혼게이자이신문, 산케이신문과 같은 5대 일간지와 전국지, 해당 현이나 지역 소식을 주로 전하는 지방지로 나뉘어. 일본의 5대 일간지는 각각 전국적인 배달망을 갖고 있어. 일간지의 총 발행 부수는 5천만 부가 넘는데 이는 한 가구당 평균 1.1개의 신문을 구독하고 있는 셈이야.

일본의 방송 시스템은 크게 공영 방송인 NHK와 민간 방송사로 나눌 수 있는데 NHK는 재정의 98퍼센트를 시청자들의 수신료

04 일본의 생활·문화·교육을 살펴보자!

로 조달하고 있다고 해. 우리나라의 KBS와 비슷하다고 볼 수 있지. 민간 텔레비전 방송은 닛폰텔레비방송망(NNN), 도쿄방송시스템(TBS), 후지텔레비전(FNN), 전국아사히방송(ANN) 등이 유명해. 그리고 본격적인 위성 방송인 NHK BS방송은 1989년 2개 채널을 가지고 시작했지. 한국에서도 케이블이나 위성 방송에 가입하면 NHK BS방송을 볼 수 있단다.

일본 노벨상 수상자

물리학

1949년 유카와 히데키
1965년 도모나가 신이치로
1973년 에사키 레오나
2002년 고시바 마사토시
2008년 고바야시 마코토
2008년 마쓰카와 도시히데
2014년 아카사키 이사무
2014년 아마노 히로시
2015년 가시타 다카아키

평화상

1974년 사토 에사쿠

화학상

1981년 후쿠이 겐이치
2000년 시라카와 히데키
2001년 노요리 료지
2002년 다나카 고이치
2008년 시모무라 오사무
2010년 네기시 에이치
2010년 스즈키 아키라
2019년 요시노 아키라

문학상

1968년 가와바타 야스나리
1994년 오에 겐자부로

생리학·의학상

1987년 도네가와 스스무
2012년 야마나카 신야
2015년 오무라 사토시
2016년 오스미 요시노리
2018년 혼조 다스쿠

4. 세계 최고령 국가가 되었어_일본의 저출산, 고령화 문제

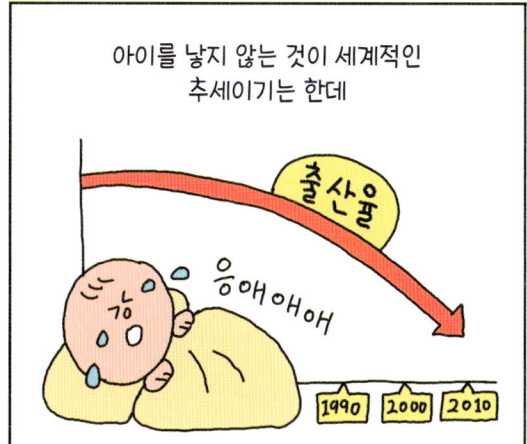

문제는 고령화야. 의학 기술 발달로 오래 사는 사람들이 늘어나니 고령화 문제도 심각해졌어. 2014년에는 65세 이상 인구 비율이 25퍼센트 이상인 초고령사회로 바뀌었지. 2060년에는 40퍼센트에 가까워질 거라고 예상해. 이게 왜 문제가 되냐 하면 노동 인구가 줄어들면서 세금도 적게 걷히기 때문이야. 세금으로 사회 곳곳을 운영해야 하는데 그게 어려워지는 거야. 더욱이 노인 인구가 늘어나면 연금이나 의료 제도를 이용해야 하는 사람들이 많아지는데 이용할 사람들은 많고 재원은 부족한 문제가 발생하는 거지. 점점 혜택이 줄어들게 되는 거야. 또 인구가 감소하면, 소비도 줄어들기 때문에 경제가 축소되거나 경제 성장률이 낮아져.

실제로 일본에서 국민 건강 보험 의료비가 급격하게 늘고 있어. 국내 총생산보다 건강 보험 의료비의 증가율이 더 높아져 문제가 되고 있지. 젊은 세대가 짊어지는 노인 의료비 부담이 더 커지고 있다는 뜻이야.

저출산 고령화가 이대로 계속 진행되다가는 도시 자체가 사라질 수도 있다고 해. 20년 내에 홋카이도의 하코다테시나 도쿄의 도시마구, 오사카시의 주오구 같은 약 900개의 기초 지자체가 위험에 처해 있지.

인구가 줄자 이런 문제도 생겼어. 일본은 지금 집을 필요로 하는 사람보다 집의 수가 더 많거든. 2013년 기준 일본의 주택 수가 6063

만 채인데 1년 이상 아무도 살지 않는 빈집이 무려 820만 채나 있다는 거야. 13.5퍼센트로 무려 7, 8채에 1채 꼴로 빈집이라는 거지. 제대로 관리되지 않은 빈집은 잡초나 나무가 무성해 쥐나 모기 등 해로운 짐승과 벌레가 모이거나 불법 쓰레기 버리기, 범죄의 온상이 되기도 해.

일본 정부는 2000년에 간병 보험 제도를, 2010년에는 아동 수당법을 만들면서 저출산 고령화 대책 마련에 고심해 왔어. 풍요로운 경제와 의료 기술의 발전으로 일본은 평균 수명이 세계에서 가장 높은 나라가 됐지만 동시에 간호가 필요한 고령자 인구가 급속히 늘어났지. 아이 키우는 것과 마찬가지로 노인을 돌보는 데 시간과 돈이 많이 필요해. 사실 이 문제는 비단 일본뿐 아니라 우리나라의 문제이기도 하단다.

5. 일본에서도 한국에서도 어려운 처지_재일 교포 문제

재일 교포는 일본에 사는 재일 한국인(한국 국적)·재일 조선인(북한 국적)을 통틀어 부르는 말이야.

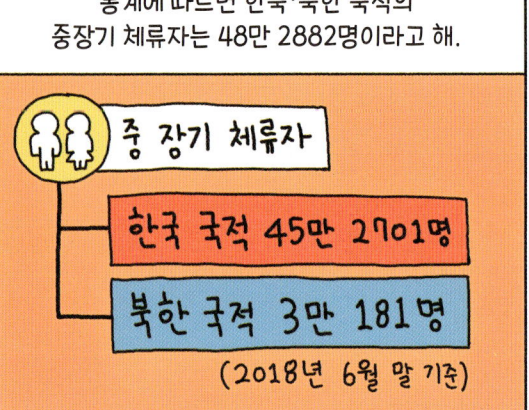

통계에 따르면 한국·북한 국적의 중장기 체류자는 48만 2882명이라고 해.

중 장기 체류자
한국 국적 45만 2701명
북한 국적 3만 181명
(2018년 6월 말 기준)

이중 한국·북한 국적의 특별영주자는 32만 2447명이래.

특별영주자가 뭐야?

특별영주자란 1910년 한일 병합 이후 징용 노동자로 강제로 끌려간 사람,

제2차 세계 대전 중에는 군인으로 끌려간 사람 또는 취업 목적으로 일본에 건너간 사람과

그의 후손들로 제2차 세계 대전 전까지 일본 국적을 갖고 있었던 우리 동포들이야.

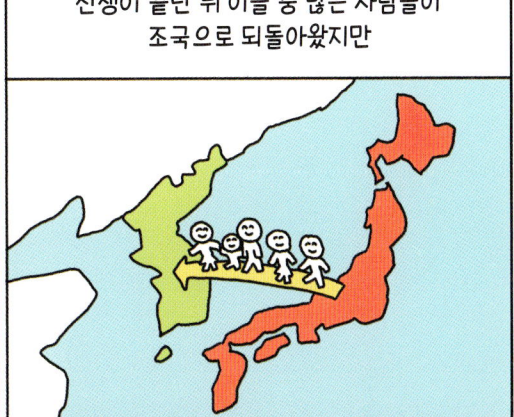

이후 1952년 샌프란시스코 강화 조약이 맺어지면서 그들은 일본 국적을 잃고 한국 국적을 가지게 됐어. 그렇지만 대부분은 일본 사회에 적응하기 어려웠고, 항만이나 광산, 공장 등에서 노동하며 힘들게 생활했지.

제2차 세계 대전이 끝난 뒤 일본에서는 재일 조선인들 중심으로 '조선인에게는 민족 교육이 필요하다'는 주장 아래 각지에 조선인 학교가 세워졌어. 그러나 연합군 총사령부는 1948년 조선 학교 폐쇄령을 내렸고, 이에 대한 재일 조선인들의 반대도 심했지.

1948년부터 2년 동안 당시 500개가 넘던 조선인 학교 대부분이 문을 닫았지만 학교를 지키려는 동포들의 노력은 계속됐어. 1955년에는 재일본 조선인 총연합(줄여서 '조선총련', '총련', 우리나라에선 '조총련'이라 부름)이 결성되고, 1957년부터 북한의 지원으로 조선인 학교를 확장하게 되지. 그래서 일본 사회나 우리나라에서 한때 조선인 학교가 북한의 조종을 받는 것 아닌가 의심을 했고, 특히 1990년대 북한의 북핵 문제가 불거지자 조선인 학교에 대한 일본 내의 여론이 매우 나빠졌어. 도쿄의 조선인 학교 여학생의 치마 저고리를 칼로 찢는 사건이 일어나기도 했지. 2009년에는 일본 우익 단체 회원들이 교토에 있는 초급 조선인 학교 진입을 시도하며 "여기는 일본 땅이다. 스파이는 일본에서 나가라!"는 식으로 어린 학생들을 위협하기도 했어.

일본 정부는 2010년, 고등학교 무상 교육 정책을 폈는데 조선인 학교 10곳만은 무상 교육 대상이 아니라며 지원하지 않았어. 국제 연합에서조차 교육권 침해라며 일본 정부에 조선인 학교를 일본 내 다른 외국인 학교처럼 공평하게 대우하라고 재검토를 권했지만 일본 정부는 듣지 않아. 그래서 도쿄와 오사카, 아이치, 후쿠오카, 히로시마 등 5개 지역에서 재일 조선인들이 소송을 시작했지. 그러나 지금까지 승소한 건 오사카 1심 딱 한 번뿐, 재판은 지금도 진행 중이야. 고등 조선인 학교 졸업생은 2003년에 와서야 일본의 고등학교 졸업생과 같은 자격으로 인정해 주고 있지만 사실상 조선인 학교를 졸업하면 대학 진학이 어려운 것이 현실이지.

재일 교포로 살아가는 게 어려워 일본에 귀화하는 사람의 수가 1995년에 1만 명을 넘은 것을 시작으로 매년 4000~5000명에 이른다고 해. 재일 한국인·재일 조선인이라는 사실을 밝히고 우리나라식 본명으로 살아가는 사람도 예전에 비해 늘고 있기는 하지만 말이야.

2002년 FIFA 월드컵 축구 한일 공동 개최를 통해 우리나라의 위상이 세계적으로 높아지면서 우리나라에 대한 자부심을 더 갖게 됐어. 또한 2005년경부터 널리 퍼진 한류로 한국 이미지가 높아지면서 예전보다 훨씬 더 긍지를 갖게 되었지. 재일 교포들이 더 자부심을 갖고 살아갈 수 있도록 우리나라 정부도 많은 관심을 가져 주었으면 해.